KB169511

단순함의
기술

디지털 트랜스포메이션 시대의 생각도구

단순함의 기술

신승철 · 우정 · 정재석 지음

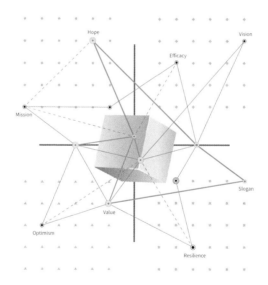

글항아리

"모든 것은 더 이상 단순화할 수 없을 때까지 단순화해야 한다."

__아인슈타인

"기대하지 않은 해결책은 복잡한 문제를 의미 있게 단순화하는 데서 나온다."

진짜 문제는 무엇인가?

2002년 이라크전 당시 미국 국방부 장관이었던 도널드 럼스펠드는 "우리가 모른다는 사실조차 모르는 경우가 있다Unknown unknowns"라는 말을 했다. 커피 메이커를 만들던 모 회사는 기술에만 치중해 정작 중요한 '소비자들이 원하는 맛'이라는 문제의 본질을 놓쳤다. 몇 년 전만 해도 디지털 카메라는 1000만 화소 혹은 4000만 화소라는 기술에 치중했지만 지금은 스마트폰에도 1억만 화소 이상의 기술이 적용되고 있다. 전문 사진가가 아닌 이상 이제 디지털 카메라나 스마트폰 카메라에서 첨단 기술은 중요하지 않다. 소비자는 단지 선명한 화질의 사진을 찍어서 바로 자신의 SNS에 업로드하고 싶어한다. 이런 상황에서 기업이 1억만 화소를 넘어 100억만 화소에 달하는 첨단기술을 개발하는 데만 열을 올린다면 과거 디지털 카메라 산업의 거인이었던 코닥의 사례처럼 주류에서 밀려날 수밖에 없게 된다. 고객 없는 기술은 혁신을 만드는 일부 동력이고 수단에 불과하다. 삼성은 세계 최고의 혁신적 기술을 보유한 스마트폰 제조 기업 중 하나이지만, 안드로이드 플랫폼 생태계 성장의 거름밖에 되지 않는다. 고객에 의해 변화가 일어나는 시대에 고객 데이터는 현재는 물론 미래를 예측하는 유일한 열쇠다. 전 세계 삼성 혹은 화웨이 등의 안드로이드 플랫폼 유저들에게서 나오는 모든 데이터는 이 안드로이드의 개발자이자 소유자인 구글이 블랙홀처럼 빨아들인다. 열심히 기술 개발에 매진했던 기술 중심의 제조 업체는 일부 데이터만 얻게 될 뿐이다.

　문제가 무엇인지 모르는 상태에서는 위협이 닥쳤을 때 속수무책으로 무너질 가능성이 높아진다. 이는 개인뿐만 아니라 무수한 기업의 사례에서 이미 목격해왔다. 무엇이 문제인지조차 모르는 상황이 진정한 문제다.

노력이나 고민만으로는 문제를 해결할 수 없다

위협이 닥치면 고민은 늘어나고 시야는 좁아진다. 이런 상황을 없애기 위해 분야마다 단계별 매뉴얼을 마련해두고 있다. 전에 없던 위협이 닥쳤을 때는 새로운 매뉴얼을 신속히 만들어 불확실성을 줄여야 한다. 시간이 흐르면서 코로나 바이러스가 퍼지는 원인은 사람들의 접촉이며, 이 접촉은 사람들의 이동에 의해 발생한다는 명확한 사실이 드러났다. 이 사실을 통해 코로나 확산을 방지하는 것, 즉 팬데믹을 해결하기 위한 문제의 본질은 사람들의 이동을 제한해 접촉을 차단하는 데 있었고 이를 수행하는 5단계 매뉴얼을 만들고 적용해 효과를 거두고 있다. 이동과 접촉이 불가피한 상황에서 마스크를 쓰는 것은 당연한 일이 되었다.

문제의 본질을 잘못 파악하거나 효과적인 프레임워크를 도입, 시행하지 않은 나라들은 안타까운 결과를 맞고 있다. 대표적으로 미국은 이 글을 쓰는 하루 동안 신규 확진자 수가 10만 명에 달하고 있다.

목적을 달성할 때도 마찬가지로 수많은 프레임워크 또는 도구가 존재한다. 불량률 최소화를 달성하는 식스시그마6-Sigma나 40가지 이상의 문제 해결 프레임워크를 제안하는 트리즈Triz 같은 도구가 그 대표적인 사례다. 그러나 이들 도구는 전문가 수준의 이해를 지닌 사람에게는 매우 강력한 툴이지만 당장 문제 해결이 시급한 개인과 기업이 활용하기에는 상당히 복잡한 구조로 이뤄져 있어 이해하고 도움을 받기까지 몇 주 이상이 소요된다. 도구가 갖는 철저함이 주는 아이러니다. 우리 연구팀의 최대 관심사는 어떤 문제도 해결 가능한 도구는 없을까였다. 간단한 문제부터 가장 복잡하게 얽히고설킨 문제까지 단순한 도구로 해결할 수는 없을까, 라는 물음에 100퍼센트는 아니지만 가장 근접한 방법을 찾아냈다. 바로 2×2 매트릭스가 그것이다.

문제 해결의 핵심은
정답을 찾는 게 아니라 과정에 있다

문제의 본질을 파악하는 것이 문제 해결의 첫 단계다. 아인슈타인은 "내게 지구를 구하는 미션에 1시간이 주어진다면, 55분은 문제를 정의하는 데 쓰고 나머지 5분은 해결책을 찾는 데 쓰겠다"고 했다. 엉뚱한 해결책은 자원 낭비로 이어지며 개인과 기업을 존폐의 기로로 내몬다. 진짜 문제가 무엇인지, 왜 그런 일이 발생하는지 원인을 찾는 게 현재의 생존을 넘어 지속적인 미래를 보장한다. 극소수만이 어떤 문제도 해결할 수 있는 비대칭 정보와 인력, 자금력을 보유하고 있다. 그렇다고 좌절할 이유는 없다. 문제 해결에는 시간이 아니라 명확한 기준만 있으면 되기 때문이다. 자신이 가진 정보를 최대한 활용하여 문제의 축을 정의하고 이에 맞는 상황 판단과 의사결정을 하면 된다. 2×2 매트릭스는 이러한 과정에 최적화된 도구다. 단순한 데다 시간도 거의 들지 않는다. 전부를 표현하지는 못하지만 단순한 구조 안에 문제 해결에 필요한 모든 정보가 함축되어 네 가지 대안을 제시하는 데 질 좋은 밑거름이 된다.

2×2 매트릭스가 문제 해결의
새로운 패러다임을 제시한다

문제를 해결하고자 하는 강한 의지를 가진 개인과 기업은 어떻게 하면 현재 조건을 바탕으로 문제 상황에서 신속히 벗어날지 고민한다. 이들은 지식을 보유하는 것을 넘어 실천한다. 이 책은 실천하는 사람들에게 복잡한 문제를 일목요연하게 정리해 해결책에 빠르게 도달하도록 돕는다. 다양한 문제에 직면한 사람들에게 단순하고 강력한 도구를 제공하는 것 그리고 이 도구를 활용하여 신속하게 문제 상황에서 벗어나도록 돕는 것이 이 책의 존재 이유다.

더 이상 고민할 필요 없이 2×2 매트릭스 구조에 문제들을 하나하나 단계별로 담아내면 문제를 일으킨 핵심 요인이 수면 위로 떠오르고 생각지도 못한 혹은 알고 있었지만 망설였던 해결책과 마주하게 된다. 인간은 이성적 존재이지만 선택은 대부분 감성을 따른다. 가진 정보도 상당히 제한적이며 이를 바탕으로 감정적 선택을 하게 된다. 점심 메뉴의 선택 등 일상생활에서의 사소한 결정은 우리 삶에 위협적이지 않지만 비즈니스 환경에서는 한 번의 선택이라도 치명적인 결과를 가져올 수 있다.

경제학에서는 소비자가 시중에 나와 있는 제품에 대한 정보를 전부 안다는 것을 전제로 여러 이론을 전개한다. 하지만 이는 가정에 불과하며 정보의 비대칭성은 고려하지 않는다. 실제 대다수의 소비자는 자신이 필요한 정보를 알지 못하며 간단한 탐색과 과거 경험에 의존할 뿐이다. 인간은 70~80퍼센트 이상의 상황에서 이성적 판단이 아닌 감정적 선택을 한다고 알려져 있다. 우리는 선택 상황에서 모든 정보를 수집해 판단할 만큼의 자원이 없다. 그러나 이는 문제 해결에 있어서 큰 고민거리가 아니다. 문제의 본질을 정확하게 파악할 수 있는 것은 당사자뿐이다. 외부 환경에 따른 문제는 누구나 어렵잖게 파악할 수 있도록 많은 도구가 존재하지만 내부적인 문제는 자신밖에 모르기 때문이다. 따라서 현재 보유한 문제 관련 정보들을 2×2 매트릭스라는 도구에 '눈에 띄게' 옮겨서 문제의 본질을 찾고 앞으로 나아갈 방향을 선택하면 된다. 이 과정은 자연스레 이성적 판단을 내리도록 돕는다. 감정적 선택에 의한 실수만 피해도 치명적 결과를 방지할 수 있기 때문에 이러한 판단은 비즈니스를 하는 모든 사람들에게는 필수다.

2×2 매트릭스는 개인과
기업 모두의 문제 해결 과정에 등장한다

이 책에서는 단순한 원칙으로 문제를 해결한 40가지 이상의 사례가 등장한다.

- 인천과 서울 중 어디로 이사 가는 게 좋을까?
- 우리 기업이 새로운 시장에 성공적으로 안착하기 위해 필요한 전략은?
- 대기업도 위태로운 이때 스타트업이 실패하지 않고 성공하는 방법은?
- 비즈니스 파트너에게 독보적 가치를 주고 신뢰를 얻는 방법은?
- 내 고객에게 혜택을 주고 내 사업을 성장시키는 방법은?
- 상대방과 갈등을 해소하고 설득을 이끌어내는 방법은?
- 누구나 영웅이 되는 방법은?
- 내 꿈을 좀더 빠르게 이루는 방법은?

- 많은 일 중 하나를 선택하고 집중하는 방법은?
- 답이 보이지 않는 위험한 상황에서 생존하는 방법은?

개인적인 사례부터 굴지의 대기업 사례까지 까다롭고 흥미로운 주제들을 2×2 매트릭스로 풀어서 설명했다.

이런 도구를 사용하기 위해 먼저 2×2 매트릭스를 설계하는 기본 원리를 알 필요가 있는데 이 내용은 1장에 설명했다. 무엇보다 독자는 1장부터 읽어가면서 자연스레 원리를 터득하게 되며, 점점 익숙해질수록 2×2 매트릭스를 고도화하여 활용하는 전문가가 되도록 구성했다. 국내 대기업 연구 사례도 부록으로 첨부해 비즈니스 환경에서 통찰을 얻을 수 있도록 했다.

생각지도 못한 해결책은 단순화에서 나온다

$2+2=?$

$\sqrt{16}=?$

위 두 문제의 답은 모두 4이다. 문제는 서로 다른데 정답은 같다. 정답이 중요한 게 아니라 문제의 본질이 무엇인지 알려는 의지가 해결의 동력이다.

비즈니스 환경에서 다음 단계를 고민하는 스타트업과 대기업에게 '원가 우위 전략' '차별화 전략' '원가 집중 전략' '차별화 집중 전략'

포터의 본원적 전략 2×2 매트릭스

	원가	차별화
넓다	원가 우위	차별화
좁다	원가 집중	차별화 집중

시장 범위 (세로축) / 경쟁 우위 방식 (가로축)

의 네 가지 대안이 있다고 가정해보자. 이 대안들은 하버드대학 마이클 포터 교수의 본원적 전략 매트릭스에서 등장하는 개념이다.

　여기서 각 대안이 무엇을 말하는지보다 왜 그 대안을 선택해야 하는지가 기업의 존폐를 가른다. 대기업은 규모의 경제를 통해 넓은 시장에서 원가 우위나 차별화 전략을 앞세워 시장 점유율을 높이는 게 일반적이다. 스타트업은 좁은 틈새 시장에서 차별화에 집중해 비집고 들어가 대세를 만드는 전략을 취하는 게 유리하다. 위 2×2 매트릭스는 단순해 보이지만 불필요하게 고민을 양산하는 내용은 과정에서 전부 제거되며, 선택에 필요한 요소만 간결하게 2×2 매트릭스에 옮겨진 대표적인 사례다.

　이 매트릭스에 포함된 요소들을 나열하면 품질, 기술 수준, 가격,

생산 방법, 규모의 경제, 유통망, 고객 가치, 신뢰도, 시장 세분화, 소비자 니즈, 비용, 경쟁력, 차별점 등이 있다. 이런 개념들은 기업 사례인 만큼 복잡하지만 독자들은 4분면으로 정리된 모습을 기억할 필요가 있다. 위 개념들을 머릿속으로만 생각했거나 종이 위에 표현하지 않았다면 네 가지 강력한 대안을 찾기는 어려웠을 것이기 때문이다. 이 책에서는 오로지 필요한 내용만 가지고 상황을 판단하는 의미 있는 단순화 과정을 통해 생각지도 못했던 수많은 대안을 마주하게 된다.

2×2 모델을 직접 설계하라, 문제 해결의 신세계가 펼쳐진다

우리 저자들은 모든 문제 상황을 2×2 매트릭스의 관점에서 분석하고자 했다. 문제의 본질을 탐구할수록 독자는 문제를 해결해내는 데 특화된 인재형으로 거듭날 것이다. 왜냐하면 문제 해결의 핵심이자 첫 단추는 노력이 아니라 올바른 방향성이기 때문이다. 자원을 투입하거나 속도를 내는 것은 방향성이 올바로 정해졌을 때 빛을 발한다. 경쟁자보다 늦었더라도 문제가 되지 않는 이유가 여기에 있다.

2×2 매트릭스라는 도구를 모든 문제에 적용하고 직접 그려보라. 거듭 강조하지만 2×2 매트릭스를 활용하는 이유는, 정답을 찾는 데 목적이 있는 것이 아니라 지금 가진 정보를 바탕으로 문제의 본질을 파악하는 데 있다. 무엇이 문제인지 파악하는 사람에게 문제

해결은 몇 분 만에 끝내는 단순 작업에 불과하게 된다.

비즈니스는 문제 해결 과정의 연속이다. 문제를 효과적으로 해결하는 사람에게 밝은 미래가 기다린다. 문제가 무엇인지, 왜 문제가 생겼는지, 문제를 해결하기 위해서는 무엇이 필요한지 끊임없이 살피자. 2×2 매트릭스는 성공적인 미래를 준비하려는 의지를 가진 당신에게 강력한 조력자가 될 것이다.

들어가며 _006

1장 2×2 매트릭스 이해하고 적용하기

1. 가장 단순한 방법으로 가장 복잡한 문제를 해결하다 _021
2. 2×2 사고법이란? _028
3. 2×2 매트릭스의 네 가지 유형 _034
4. 2×2 매트릭스에서 x축과 y축의 세 가지 구조 _042
5. 2×2 매트릭스가 다루는 열한 가지 딜레마 _044
6. 2×2 매트릭스 작성하기 _048
7. 2×2 매트릭스 설계: 설명형 _064
8. 2×2 매트릭스 설계: 선택형 _068
9. 2×2 매트릭스 설계: 방향 제시형 _072

2장 비즈니스 모델을 구현하고 마케팅하는 방법

1. 당신의 원대한 비즈니스 목표를 명쾌하게 드러내라: MVVS _081
2. 당신의 고객은 무엇을 원하는가: 검색 엔진 트렌드 키워드 조사법 _084
3. 파괴적 혁신의 주범은 기술이 아니다: 디커플링과 초개인화 _092
3. 당신의 주요 고객은 누구인가: STP _097
4. 제품과 서비스는 어떻게 팔 것인가: 4P _101
5. 최적 마케팅 채널 선정 방법은?: 인플루언서 마케팅 _105
[부록] 사업 파트너와 투자자를 설득하는 비즈니스 모델 작성하기: 9블록 캔버스 _111

7. 당신의 목표 산업 내 경쟁 요소를 잘 파악하고 있는가: 5 포스 모델 _114
8. 사물인터넷 스타트업의 내부 역량 분석 사례: 7S 프레임워크 _122
9. 너 자신을 알라: 핵심 전략 목표 도출형 SWOT 분석 _131
10. 군더더기를 빼고 우선순위를 정하라: ERRC _135
11. 죽음의 골짜기를 넘어라: 리스크 매니지먼트 _138

3장 파트너 및 고객과의 관계를 매트릭스하라

1. 최상의 인간관계를 만드는 방정식: 신뢰 방정식 _147
2. 현명한 사람이 주는 방법: 기버&테이커 모델 _153
3. 당신과 어울리는 사람은 따로 있다: DISC 모델 _158
4. 다함께 차차차: 공유 리더십 모델 _162
5. 브라질너트와 아구티: 고객 상생 모델 _167
6. 당신은 시작만 하면 된다: 아이디어 모델 _171
7. 이집트와 이스라엘 모두 만족시켰던 BATNA: 갈등협상 모델 _173
8. 상대방의 심리를 잘 아는 사람이 즐기는 파티: 설득 모델 _177
9. 고민은 줄이고 최선의 선택을 만드는 스마트 초이스 설계:
   절대 조건, 상대 조건 모델 _179
10. 당신도 히어로가 되는 방법 _184

4장 역량을 모델화하기

1. 당신의 꿈을 이루는 방법: ACT 방정식 _191

2. 도전과 변화의 3C 모델 _196

3. 카피 불가: 핵심 역량 모델 _199

4. 성공은 빠른 순서대로: 선착순 모델 _204

5. 경쟁에서 살아남는 열쇠: 긍정심리자본 모델 _208

6. 정규직은 옛말! 새로운 기회의 출현: 긱 모델 _212

7. 두 마리 토끼는 없다: 선택과 집중 모델 _220

8. 문제가 성공의 어머니: 문제 해결 모델 _224

9. 최고가 아니다, 차별화다: 경쟁 우위 확보 모델 _227

10. 현상 유지를 넘어 무한 성장하기: 지속 성장 모델 _231

11. 당신을 둘러싼 문제는 적고, 해결책은 많다:
    1센티미터짜리 나미브 사막 거저리가 생존하는 방법 _235

[부록 1] 마케팅의 노력에 따라 소비자가 느끼는 맥주 맛의 선호도가 달라진 사례:
        O사 블라인드 테스트 _240

[부록 2] 베이커리 산업에서 미래 변화를 예측하기 위한 외부 환경 분석: 파리바게트 _244

[부록 3] OB 맥주의 VRIO 모델 _248

[부록 4] 식품 산업에서의 핵심 역량: 삼진어묵 _259

[부록 5] 외식 산업에서의 지속 성장 사례 _263

참고문헌 _269

2×2 매트릭스 이해하고 적용하기

1장

1

가장 단순한 방법으로
가장 복잡한 문제를
해결하다

"아무리 복잡한 문제라도 쉽게 해결하는 방법은 없을까?"

이 책은 이 물음에서 시작되었다. 우리 모두는 문제 속에 산다. 일, 취업, 인간관계, 결혼, 육아, 사회, 환경, 미래, 비즈니스 등 문제와 그 원인도 다양하다. 더구나 신제품 출시, 신규 시장 진출, 기업 매각이나 인수 등 비즈니스 현장에서 전략적 의사결정을 내릴 때는 고민이 더 깊어진다. 외부 환경과 내부 역량을 고려하여 상황별 전략을 내놓기는 하지만 상호 복잡성으로 인해 모호한 의사결정을 내리는 경우가 더 많다. 모든 문제에 일반화된 해결책을 제시하는 것은 가능하지 않을 뿐만 아니라 시간 낭비이다.

문제의 해결은 문제의 인식에서 출발한다. 여기서 문제의 본질을 꿰뚫고 들여다봐야 진정한 해결책을 낼 수 있다. 때로는 일방의 문제일 수 있고 때로는 쌍방의 문제일 수도 있다. 이 책의 목적은 해결책이라는 '결과'가 아니라 해결책을 찾아나가는 '과정'에 있다. 2×2 사상가들은 '결과'가 아닌 '과정'에 집중했다. 과정만큼은 유용하고 실용적인 일반화가 가능하다는 점에 주목할 필요가 있다. '해결책이 다양한 것'과 '해결책을 도출해내는 것'은 비슷한 듯 보이지만 실은 전혀 다르다.

이 책에서는 문제의 종류에 관계없이 단 하나의 도구만을 사용하여 해결책을 찾는 방법을 탐구한다. 이 도구가 바로 2×2 매트릭스다. 2×2 매트릭스 모델은 두 개의 기준인 X축과 Y축 그리고 4분면으로 이루어져 있다. 이 축과 4분면은 음식 재료와 레시피다. 즉 다양한 재료와 레시피는 문제 그 자체다. 재료가 갖는 본질을 알면 그에 적절한 음식(해결책)을 낼 수 있다. 쌀로 라면을 만드는 것이 불가능한 일은 아니지만 재료가 갖는 본질적 의미를 잘못 이해한 경우다. 재료와 레시피는 무궁무진하다. 이들을 주방에 아무렇게나 늘어놓는다면 요리가 힘들어지고 의욕은 떨어질 것이다. 훌륭한 요리사는 재료를 종류에 맞게 범주화하고 정리하며 레시피에 맞는 재료끼리 섞이지 않게 함으로써 혼란은 없애는 반면 요리는 정확하고 빠르게 만들어낸다. 주문량이 늘어나도 정해진 프로세스대로 음식을 내면 되므로 식당은 안정적으로 운영되며 맛도 일정하다. 더욱이 요리를 하면 할수록 재료와 도구를 사용하는 감각이나 창의성, 나아가 새로운 요리를 만드는 능력도 향상된다. 범주화와 논리적 구성의 힘이다. 일을 잘하는 것은 다양한 특성의 결과지만 범주화와 논리적 구성 능력은 일을 스마트하게 수행해내는 데 필수적인 요소다. 문제의 해결책을 찾는 '과정'이 바로 이 범주화와 논리적 구성 단계라고 말할 수 있다. 이는 결론을 일반화하려는 시도가 아니라 가장 적절한 해결책을 찾는 것이다.

2×2 매트릭스에서 X축과 Y축을 규정하는 일은 논리적이며 과학적이다. 이어지는 4분면을 채우는 일은 직관적이며 독창적이다. 문제들을 범주화하는 것, 서로 중복되지 않고 누락시키지 않으면서 독립적이고 전체를 아우르는 MECE(맥킨지 방식의 논리적 사고법)적 사고방식이 X축과 Y축을 규정하는 과정에 녹아 있다. 이어서 채워진 4분면에서 비로소 문제를 파악하고 어떤 목표와 가치를 추구할지 명확히 드러난다. X축과 Y축을 채우는 것이 논리 기반의 과학이라면 4분면을 채우는 과정은 창의 기반의 예술과도 같다.

우리는 이 책을 통해 아주 간단하고 쉽게 두 개의 축과 4분면을 규정하여 문제를 해결하는 방법을 검증된 이론과 대표적 문제 해결 사례들을 통해 탐구할 것이다. 독자들은 이를 통해 과학에 기반한 문제 인식과 통찰력 있는 해결책을 스스로 찾게 될 것이다.

우리 삶은 긴급한 일들로 가득 차 있어서 무엇이 중요한지 알지 못한다. 그러나 2×2 매트릭스를 통해 우리는 어떤 가치에 시간과 노력을 투자해야 하는지 우선순위를 정할 수 있다.

아래는 시간 관리 매트릭스의 대표적인 사례로 중요도-긴급도를 기준으로 만든 것이다. 시간 관리는 긴급도와 중요도라는 X, Y축 두 가지 변수와 이를 통해 정의된 4분면으로 정의할 수 있다.

중요도-긴급도 매트릭스

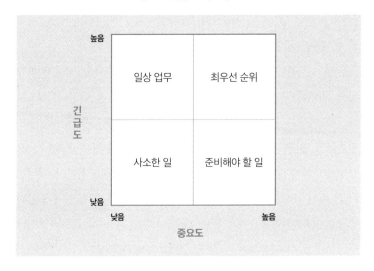

위 2×2 매트릭스 사례를 통해 긴급한 일과 중요한 일을 구분하여 어떤 가치에 자원을 투자해야 할지 결정할 수 있다.

X축: 중요도

사물이나 일에 중요도의 척도인 '높다' 혹은 '낮다'를 규정하는 것은 각 개인의 가치관에 달려 있다. 당장 게임을 하는 것, 아침에 급하게 상사로부터 전달받은 비정기적 업무는 중요한 일이 아니라 긴급한 일이다. 중요도는 좀더 상위의 가치, 자신이 중장기적으로 추구하는 목표 달성에 기여하는 정도로 표현한다. 미래를 위해 독서하는 것, 역량 강화를 위해 코딩 학원에 다니는 일 등 대체로 당장 자신에게 영향을 미치지 않는 것들이다.

Y축: 긴급도

긴급한 일은 서둘러 처리해야 한다. 자신뿐만 아니라 다른 사람들과 연관되거나 그에 얽힌 다른 요소가 많을수록 긴급도는 높아진다. 몇 시간 후 혹은 오늘 안에 당장 자신에게 영향을 미친다는 점에서 중요도와 차이가 있다. 주의할 것은 긴급한 일들에 매몰된 나머지 중요한 일을 간과할 수 있다는 점이다.

4분면

- **일상 업무** 중요도는 낮고 긴급도는 높은 일이다. 긴급한 일은 대개 중요한 일처럼 보인다. 그러나 결과적으로 자신보다는 타인에게 중요한 일인 경우가 많다. 이 범주의 대표적인 사례로 회사에서 하는 일상 업무를 들 수 있다. 자신의 업무를 적절한 시간과 노력을 투입하여 마치는 것이 긴급한 일을 다루는 방법이다. 하루에 쏠 수 있는 시간과 집중력에는 한계가 있기 때문이다. 자신의 본래 업무에 더해 타인의 업무까지 떠맡는 빈도가 잦아질수록 회사뿐만 아니라 삶 자체의 균형이 깨져 흐트러질 확률이 높다는 점에서 '예스맨'이 되기보다 분별력 있는 인간관계 전략을 갖추어야 한다(자세한 것은 3장에서 다룬다).
- **사소한 일** 중요도와 긴급도 모두 낮은 일이다. 게임이나 여행, 휴식, 일상 업무 중에서도 반복적인 업무 등이 여기에 속한다. 사소하다고 무시할 것은 아니다. 일에서 잠시 멀어지는 것은 삶에서 빼놓을 수 없지만 단지 여기에 너무 많은 시간을 쏠는 것은 목표 달성에 큰 도움이 되지 않는다.

- **준비해야 할 일** 중요도는 높지만 긴급도는 낮은 일이다. 퇴근 후나 주말에 코딩 학원에 다니는 것, 외국어 학습이나 독서 시간을 따로 안배하는 일, 새로운 아이디어를 실현하는 데 필요한 역량을 개발하고 고도화하는 것 등이 이 영역에 속한다. 당장 실행하지 않아도 별 영향은 없지만 미래와 목표 달성을 위해 꾸준히 준비해야 할 중요한 일이다.
- **우선순위** 중요도도 높고 긴급도도 높은 일이다. 개인의 가치를 바탕으로 목표를 이루는 데 반드시 필요한 일이 우선순위 영역에 속한다. 이 영역의 일은 시간과 집중력을 요구하므로 사소한 일이 주가 되어서는 안 된다. 급박하고 중요한 일들, 이를테면 아이템의 신규 개발, 프로젝트 관리, 책을 집필하는 데 마감 기한이 일주일 남은 경우, 오늘이 아내 생일임을 퇴근 전에 알아차린 것 등이 적절한 사례가 된다.

위 2×2 시간 관리 매트릭스는 간단하다. 범주화와 MECE Mutually Exclusive Collectively Exhaustive를 통한 변수 X, Y축의 정의 그리고 이와 관계된 각 4분면을 규정했기 때문에 복잡한 문제를 단순하게 바꾼 것이다. 심지어 복잡하고 이해하기 어려운 경영과 마케팅 전략, 인간관계, 역량 강화의 딜레마도 누구나 즉각적으로 X, Y축과 4분면으로 묘사하고 상대방에게 설명할 수 있다는 점이 2×2 매트릭스가 갖는 오묘한 매력이다.

이 책이 추구하는 가치는 다음과 같다.

- 누구나 쓸 수 있는 쉬운 해결책
- 간단하지만 깊이 있는 해결책
- 어떤 문제에도 활용할 수 있는 해결책
- 이해도가 높아질수록 고도화할 수 있는 해결책

'문제가 단순하든 복잡하든 문제 정의부터 스마트한 해결책까지 도출할 수 있는 도구가 없을까'라고 생각한 사람들에게 명쾌한 해답을 주는 2×2 매트릭스의 세계로 독자들을 초대한다. 2×2 매트릭스 사고법으로 문제를 들여다보는 순간, 당신을 괴롭히던 문제의 가짓수는 생각보다 많지 않을뿐더러 복잡하지도 않다는 사실을 깨달을 것이다. 도리어 문제의 해결책이 많다는 사실에 흥분되고 설렐 것이다.

2

2×2 사고법
이란?

2×2 매트릭스를 사용하는 이유는 어떤 복잡한 문제도 단순화하고 구조화하여 핵심 쟁점을 명료하게 드러내 해결책과 방향성을 찾는 데 있다. 즉, 가장 단순한 방법으로 가장 복잡한 문제를 해결하는 것이다. 독자는 이 책을 통해 2×2 매트릭스 구성 요소, 작성 방법 및 다양한 사례를 학습하게 된다. 2×2라는 도구의 적용을 통해 독자 스스로 문제를 정의하고 푸는 문제 해결 전문가가 되도록 돕는 게 이 책의 목적이다. 2×2를 구성하는 내용은 표면적으로는 두 축과 4분면으로 한정되어 있지만 이 틀은 문제 해결에 있어 핵심 요소를 포함하고 있다. 제한이 주는 유용함은 더 있다. 문제 해결 방안을 도출하는 데 불필요한 내용은 하위 분류로 내리고 갈등과 긴장을 일으키는 살아 있는 쟁점은 수면 위로 끌어올린다는 점이다. 결국 2×2 매트릭스를 활용하여 복잡하게 얽힌 문제를 단순화·구조화하는

시도를 통해 문제의 본질을 스스로 깨닫게 된다. 문제는 고정되어 있지 않고 상황에 따라 변하는 속성을 지니고 있다. 이에 따라 끊임없는 재조정과 순환 단계를 거치면서 해결책을 찾게 된다.

2개의 핵심 변수 도출이 2×2 매트릭스 모델을 설계할 때 포인트가 된다. 그 뒤로 이어지는 4분면은 창의성을 바탕으로 한 예술적 영역이다.

문제를 2개의 핵심 변수로 좁혀나가는 과정은 문제의 축소가 아니다. 복잡한 문제를 단순화하는 재구성 과정이다. 즉 이 단순화가 복잡하게 얽혀 있는 문제일수록 더 명쾌한 해결 방안을 도출해내는 2×2 매트릭스의 강력함이다.

딜레마는 우리가 피해야 할 골칫덩어리가 아니다. 적극적으로 마주하여 우리의 사고력과 의사결정 수준을 높이는 기회로 삼아야 한다. 2×2 매트릭스는 일방적인 선택이나 흑백논리를 강요하지 않는다. 2×2 매트릭스는 머릿속을 맴도는 고민들을 네 가지 현실적 대안으로 탈바꿈시켜준다. 우리를 괴롭혔던 고민의 굴레에서 벗어나 명료한 방향을 찾게 된다. 뚜렷한 방향을 찾았다면 자신과 이해관계자를 설득하는 강력한 도구가 된다. 따라서 문제 해결에 필요한 핵심 요소에 집중하여 의사소통을 하게 된다. 상대방과 창의적 대안을 이끌어내는 데도 기여한다.

2×2 매트릭스를 활용하여 단순화, 범주화를 통한 창의적 해결 방안을 도출할 수 있다. 탁월한 문제 해결 전문가들도 마찬가지 접근 방식을 취한다.

『12가지 인생의 법칙』의 저자 조던 B. 피터슨은 문제 해결로 골머리를 잃는 사람들에게 먼저 자신의 방 책상부터 정리하라고 주문한다. 책상 위가 아무렇게나 늘어놓은 노트와 책 그리고 갖가지 필기도구에 온갖 잡동사니로 가득하다면 가치 있는 일에 집중하기란 쉽지 않다는 것이다. 불필요한 것들은 치우고 비슷한 것끼리는 묶어놓아서 일목요연하게 정돈한다. 그러면 필요한 물건을 쉽게 찾을 수 있고 심리적으로도 안정된다. 단순화, 범주화를 통해 업무 효율을 높이는 것이다.

범주화라는 표현은 고시 수석 합격의 주인공들 수기에서 자주 등장하는 표현이다. 범주화는 암기와 문제 해결력에 직접적인 도움을 준다. 대학수학능력시험을 비롯해 법학적성시험LEET, 의·치의학교육입문검사MEET/DEET, 약학대학입문자격시험PEET, 한국어능력시험 등을 개발하여 시행하는 한국교육과정평가원에서는 독해 표현력, 사고력과 문제 해결력, 문제 해결에 필요한 지식의 세 부분으로 범주화하여 평가한다.

그러면 범주화categorization란 무엇인가? 사전에서는 '비슷한 성질을 가진 것이 일정한 기준에 따라 모여 하나의 종류나 부류로 묶이게 됨'이라고 설명한다.

범주화할 때 기준이 되는 것은 전술한 대로 X, Y축이다. 복잡한 사업 환경에서 특히 출처를 알 수 없는 엄청난 정보의 홍수 속에서 우리는 수많은 정보에 매몰된다. 설령 이런 정보들을 바탕으로 전략을 만든다 해도 적절한지 검증할 도구가 없으며, 모든 전략을 구사할 수도 없다. 범주화하면 핵심에 집중할 수 있다. 보이지 않던 진실을 얽힌 실타래 속에서 끄집어내는 작업이 범주화이기 때문이다.

인간만이 갖는 오묘한 강점이 있다. 직관-통찰-혜안의 과정이다. 직관은 감각, 경험, 연상, 판단, 추리 등의 사유 과정을 거치지 않고 대상을 직접적으로 파악하는 작용을 일컫는 말이다. 통찰은 예리한 관찰력으로 사물을 꿰뚫어보며 이 능력으로 인해 새로운 사태에 직면해서도 사건의 의미를 재조직함으로써 부지불식간에 문제를 해결하는 단계를 말한다.

인간은 스스로 그리고 무의식적으로 성장하는 뇌과학적 특수성을 갖고 있다. 문제를 생각한 채 잠이 들면 무의식이 작동하여 문제를 해결한다. 잠에서 깨거나 샤워할 때, 어딘가를 걸을 때 번뜩이며 나타나는 해결책과 힌트가 이런 무의식 현상을 설명한다. 인간의 생각, 행동은 5퍼센트만 의식적이며 나머지 95퍼센트는 무의식 영역에 존재한다. 볼프강 쾰러는 학습이 시행착오에 의하여 일어나는 것이 아니라 통찰의 과정에서 일어난다고 보았다. 즉 자신이 모르는 상태가 아니라 무엇을 모르는지 아는 단계가 통찰이며, 학습 영역에서는 메타 인지metacognition라고도 한다. 소위 공부 잘하는 학생들은 자신이 무엇을 모르는지 알기 때문에 아는 것을 반복하는 데서 오는 시간 낭비를 줄이고 모르는 것만 집중적으로 파고든다. 혜안慧眼은 불교에서 말하는 오안五眼의 하나로 우주의 진리를 밝게 보는 눈을 의미한다. 모든 현상에 대한 집착을 버리고 차별의 현상계를 보지 않는 지혜를 말한다. 이런 말을 하는 이유는 영적 영역을 전하려는 의도보다, 하나의 도구를 널리 깊이 있게 사용할수록 인간이 지닌 "자동으로 성장하는 축복"을 누릴 수 있음을 알려주기 위함이다.

한편, 『생각의 지도』의 저자 리처드 니스벳은 이 범주화에 대한 동서양의 다른 세계관을 설명한다. 서양은 사물의 본질적 기준으로 범주화하는 반면, 동양은 사물의 관계를 중심으로 범주화한다는 것이다. 이 가설을 검증하기 위해 서양과 동양의 대학생들을 대상으로 '판다, 원숭이, 바나나' 세 가지 사물을 놓고 가장 관련 있는 두 개를 고르라고 했다. 서양 학생들은 '동물'이라는 범주에 속하는 판다와 원숭이를 고른 반면, 동양 학생들은 '원숭이는 바나나를 먹는다'라는 상호 관계에 근거하여 원숭이와 바나나를 골랐다. 세상은 본질로 파악할 수 있고, 관계로도 파악할 수 있다는 점이 흥미롭다. 이 책에서는 동서양의 관점을 고루 활용하여 문제 요소들을 묶어서 간결하게 정리했다. 그중 상위 요소를 X, Y축으로 규정했다. 즉 단순화와 범주화라는 도구를 적용했다.

변화를 넘어 혁신으로 이끄는 동력은 '대체 왜 그럴까'라는 의문이다. 단기적 목표와 중장기적인 미션 사이에서 우리는 늘 고민한다. 시간과 노력, 비용이라는 자원이 부족하기 때문이다. 그러나 이런 환경에서조차 우리는 경쟁 우위를 확보할 수 있다. 우리는 의사소통 기술과 문제 해결력을 고도화하는 방법으로 현재와 미래 사이의 간극을 좁힐 수 있다. 사물과 생각과 기술, 심지어 지능까지 디지털 세계로 옮겨가는 디지털 트랜스포메이션DX, Digital Transformation 시대에 돌입했다.

경제 변화의 추세는 노동집약적 산업화를 거쳐 지식 기반의 기술화 그리고 지금은 빅데이터와 인공지능AI으로 대표되는 디지털화로 빠르게 재편되고 있는 것이다. 이 격랑 속에서 개인과 기업의 생존은 어떤 선택을 하는가에 달려 있다. 여기서 2×2 매트릭스는 더할 나위 없는 전략적 처방이 될 것이다.

3

2×2 매트릭스의
네 가지 유형

2×2 매트릭스를 활용하는 이유는 문제의 정체가 무엇인지 파악하고 여기에 맞는 적절한 해결책을 찾는 데 있다. 우리는 아래 4가지 단계로 2×2 매트릭스를 완성할 것이다.

첫째, 유형 파악하기

둘째, X, Y축 구조 짜기

셋째, X, Y축 이름 정하기

넷째, 4분면 정의하기

첫 단계는 2×2 매트릭스의 유형을 파악하고 이들 각 유형이 갖는 구조를 이해하는 것이다. 그리고 우리가 겪는 대표적인 딜레마들을 다룬 후, 이 문제들을 해결하기 위한 2×2 매트릭스의 X, Y축과

4분면을 정의하여 완성한다. 2×2 매트릭스를 작성하는 접근법으로는 기본적으로 세 가지가 있다.

· 순차형 접근법
· 역순형 접근법
· 무작위형 접근법

순차형 접근법은 네 가지 프로세스를 순서대로 적용하여 2×2 매트릭스를 설계하는 것을 말한다. 역순형 접근법은 네 가지 프로세스를 말 그대로 역순으로 설계하는 것이며, 마지막 무작위형 접근법은 순서에 상관없이 네 가지 프로세스를 활용하여 2×2 매트릭스를 설계하는 것을 말한다. 자신의 문제는 자신이 가장 잘 안다고 할 수 있지만, 반대로 자신의 시각에서만 문제를 바라보므로 객관성이 결여될 수도 있다. 문제 해결이 목적이라면 상황을 객관적으로 판단하는 것이 유리하다. 이때 주변 사람 등 제3자에게 조언을 구해 객관성을 확보할 수 있다.

앞서 네 가지 프로세스는 이렇게 세 가지 접근법으로 자유롭게 설계할 수 있다. 다만 완성된 2×2 매트릭스가 문제의 본질을 잘 반영했는지, 문제의 핵심을 빼놓지 않고 다루는지를 검증하기 위해서 네 가지 프로세스를 이해할 필요가 있을 뿐이다.

이렇게 완성된 2×2 매트릭스는 곤경에 처했을 때 문제의 본질을 꿰뚫고 다양한 대안을 찾는 데 나침반 역할을 한다. 여기서 우리는 반드시 4분면 중 하나의 선택만 할 필요는 없다. 4분면에 나온 내용은 그 자체로 대안이 되며 과학적이고 논리적인 의사결정을 돕는 탁월한 기준을 제시한다. 처한 상황에 따라 1개 또는 2개 이상의 대안을 채택할 수도 있다.

2×2 매트릭스 유형은 크게 선택형, 방향 제시형, 설명형, 확장형의 네 가지가 있다.

1. 선택형

최종 의사결정을 앞두고 있는 상황에서 스스로 혹은 다른 사람들과 여러 쟁점으로 부딪칠 수 있다. 잘 설계된 2×2 매트릭스일수록 X, Y축이 문제의 본질과 우선순위를 잘 드러내는 표현으로 명명될 것이다. 일상적인 문제 외에 비즈니스 영역에서의 선택은 비용이나 수익 면에서 큰 영향을 끼칠 수 있으므로 설계가 정교할수록 최적의 의사결정을 내릴 수 있다. 기업이나 개인이 현재 처한 상황에 정확히 일치하도록 2×2 매트릭스를 작성하려면 여러 번의 조정이 필요할 수 있고 이렇게 완성된 모델을 다시 개선할 수도 있다.

아래 모델은 이고르 앤소프의 기업 전략에서 등장하는 제품-시장 매트릭스다.

리더는 제품과 시장 그리고 고객, 이렇게 기본적인 변수에 대한 이해가 요구된다. 여기서 X, Y축은 제품과 시장이다. 고객의 만족도를 높이고 매출을 높이기 위해서는 출시 타이밍이 맞거나 제때 고객과 트렌드에 맞추는 혁신이 필요할 수 있다. 특정 시장을 노리고 있다면 해당 시장에 맞는 제품 특성을 갖추어야 할 것이다. 시장은

제품-시장 매트릭스

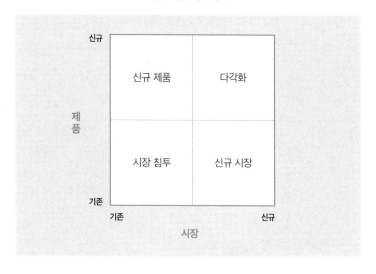

기존 시장과 새로운 시장으로 구분할 수 있다. 매출을 높이기 위해 기존 제품을 신규 시장에 출시할 수 있고, 기존 시장에 신규 제품을 출시할 수도 있다. 또 기존 시장에 기존 제품으로 현상 유지 전략을 펼칠 수도 있으며, 시장 선두를 노리기 위해 다각화 전략을 취할 수도 있다.

이처럼 앤소프의 제품-시장 모델에 따르면 외부 환경과 내부 역량의 조합에 따라 네 가지 대안을 선택할 수 있다. 이 각각의 대안에 대한 장단점을 파악하여 평가한 후, 기업의 현재 상황과 목적에 맞게 선택하고 구체적인 실행 계획을 세우면 된다.

2. 방향 제시형

선택을 넘어 방향성을 타진하는 2×2 매트릭스 모델을 설계할 수 있다. 대표적으로 BCGBoston Consulting Group 매트릭스를 들 수 있다.

방향 제시형 매트릭스

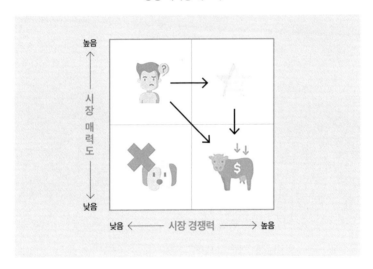

당신의 사업이 유망한 분야로서 시장 매력도는 높지만 시장에서의 경쟁력은 낮은 경우, 즉 의문부호Question Mark 단계라면(좌측 상단) 연구 개발을 통해 서둘러서 자체 역량을 확보하거나 파트너십, 아웃소싱을 통해 부족한 역량을 개선하여 STAR(우측 상단) 단계로 진입할 수 있다. 사업이 성숙기에 접어들어 레드오션이 되면 경쟁력을 지녀서 큰 비용 투입 없이 꾸준히 수익이 들어오는 캐시카우 CASH COW 전략으로 선회하면 된다. 이 방향 제시 모델을 활용하여 현재 강아지Dog나 의문부호 단계라도 원하는 방향을 선택하여 전략을 수립할 수 있다.

3. 설명형

설명형은 정보를 나열하고 정리하여 보여줄 때 유용하다. 다양한 리더십 모델을 X, Y축을 사용하여 전형적인 2×2 매트릭스로 나타낼 수도 있지만 아래와 같이 정보를 시각화하고 정돈하여 보여주고자 할 때 활용할 수 있다.

설명형 매트릭스

카리스마 리더십	변혁적 리더십
진정성 리더십	공유 리더십

4. 확장형

이 책에서는 주로 2×2 매트릭스를 활용하여 설명하지만 격자형 구조를 갖는 매트릭스의 구조상 2×N, 3×3, 4×4 등 무한대의 매트릭스도 만들어낼 수 있다. 다만 기준이 많아질수록 다루어야 할 변수도 기하급수적으로 늘어난다는 점에서 제한적 용도로만 쓰는 것이 효율적이다.

마케팅에서 중요한 STP 전략에서 제품-시장 모델은 3×3으로 나타내기도 한다.

확장형 매트릭스

싱글 타깃형

	시장 1	시장 2	시장 3
제품 1		●	
제품 2			
제품 3			

선택전 전략

	시장 1	시장 2	시장 3
제품 1		●	
제품 2	●		
제품 3			●

시장 특화

	시장 1	시장 2	시장 3
제품 1		●	
제품 2		●	
제품 3		●	

제품 특화

	시장 1	시장 2	시장 3
제품 1	●	●	●
제품 2			
제품 3			

매스 마케팅

	시장 1	시장 2	시장 3
제품 1	●	●	●
제품 2	●	●	●
제품 3	●	●	●

싱글 타기팅Single targeting은 하나의 재화(제품, 서비스)를 표적 시
장 한 곳에서 마케팅할 때 쓰는 전략이다. 특정 시장에서 다양한
제품을 마케팅할 수도 있고 선택적 전략Selective Targeting을 구사할
수도 있다.

4

2×2 매트릭스에서 X축과 y축의 세 가지 구조

X, Y 양 축에 따라 2×2 매트릭스의 구조를 세 가지로 나눌 수 있다.

- 대조
- 비교
- 상호작용

1. 대조Contrast

둘 이상의 대상을 서로 맞대어 반대되거나 대비되는 것을 찾는 것을 대조라고 한다.

- 이성과 감성
- 외부와 내부

- 비용과 이득

- 변화와 안정

위의 예시가 대표적인 대조이며 뒤에서 다룰 딜레마의 유형이기도 하다. 이 단어들은 각기 2×2 모델링에 직접적 혹은 간접적으로 쓰이는 중요한 개념이다.

2. 비교Comparison

둘 이상의 사물을 견주어 공통점과 차이점 등을 밝히는 것을 비교라고 한다. 긴급도와 중요도처럼 우선순위 결정 문제가 대표적인 비교 사례다.

3. 상호작용Interact

독립적이지 않고 상호작용에 의해 서로 연관되어 영향을 주는 구조를 말한다. 대표적인 예는 아래와 같다.

- 제품과 시장

- 생산과 판매

- 내용과 과정(콘텐츠와 프로세스)

이들은 서로 대조되지 않고 관련된 개념이며 마찬가지로 2×2 매트릭스를 모델링할 때 직접적 혹은 간접적으로 적용된다.

5

2×2 매트릭스가 다루는 열한 가지 대표적인 딜레마

2×2 매트릭스의 열한 가지 딜레마와 그 속성에 대해 이해하는 장이다. 지금까지 설명한 2×2 매트릭스의 분류와 유형, 구조와 더불어 열한 가지 딜레마를 나타내면 옆의 표와 같다.

2×2 매트릭스는 네 가지 유형과 세 가지 구조 그리고 열한 가지의 전형적인 딜레마로 구성할 수 있다. 이외에도 우리를 괴롭히는 또 다른 모순 관계들은 문제 요소의 상위 레벨 혹은 하위 레벨에 무수히 존재한다. 속성은 딜레마의 특성에 맞게 결정되며 상황에 맞게 활용한다.

머리로는 이해했지만 마음이 따르지 않는 경우, 즉 이성과 감성의 충돌은 우리가 수없이 경험하는 대표적인 딜레마 중 하나다. 둘 중 하나를 선택한다는 것은 고통이며 둘 다 갖고 싶은 욕구에 사로잡힌다. 예를 들어 아파트를 구매하기 위해 저축하는 것이 이성적이

2×2 모델링

유형	구조	딜레마(X-Y축)	속성
설명형 선택형 방향제시형 확장형	대조 비교 상호작용	이성 / 감성	낮다 / 높다
		내부 / 외부	적다 / 많다
		비용 / 이득	예 / 아니오
		제품 / 시장	가능 / 불가능
		생산 / 판매	기존 / 신규
		유지 / 포기	확실 / 불확실
		변화 / 안정	수동적 / 능동적
		아는 것 / 모르는 것	같다 / 다르다
		우선순위 결정	모호함 / 구체적
		내용 / 과정	직접적 / 간접적
		원인 / 결과	있다 / 없다

지만 젊음과 낭만을 위해 포르셰를 구매하는 감성적 판단 사이에서 정답은 없다. 그러나 목표가 정립되는 순간 답은 정해진다. 즉, 목표가 아파트 구매라면 포르셰는 대안에서 제거된다. 반대로 포르셰를 사는 것이 목표라면 아파트 구매는 다음 생으로 미루어진다. 어떤 문제든 목표가 정해지고 이에 대한 답이 요구될 때 2×2는 칼날 같은 피드백을 비수같이 선사한다.

비용과 이득의 문제도 흥미로운 갈등 요소다. 자신이 원하는 것을 갖기 위해 무엇을 또 얼마나 희생해야 하는가의 딜레마다. 스타트업이 자본을 구성할 때 자본 비율을 어떻게 할지, 제조에 있어서 직접 생산할지 위탁 생산할지 결정하는 문제가 있다. 여기에 기회비용과 위험비용도 추가된다. 자기 자본만으로 직접 생산할 때는 리스크가 가장 큰 만큼 보상도 크다. 반면 타인의 자본을 유치하여 생산할 때는 위험을 분산할 수 있지만 보상은 줄어든다. 가치 있는 것들은 대개 실패의 위험성을 내포하며 위험수용Risk Taking을 요구한다. 성공하면 투입량의 몇백 배 이상의 이득도 생기지만 실패하면 모든 것을 잃는 경우가 많아서 언제나 딜레마다.

변화와 안정도 대표적인 대조 사례다. 새로운 분야로 사업을 확장할지 기존 사업을 더 강화해나갈 것인지 선택의 기로에 서게 된다. 신사업은 성공 가능성을 예측하기 어려운 반면, 기존 사업만으로는 성장에 한계가 있고 후발 경쟁 주자에게 밀릴 수 있다. 기업은 새로운 기술이나 제품 개발을 해야 한다는 압박을 받는다. 불확실성이 큰데도 불구하고 새로운 시장 환경과 고객의 니즈Needs를 맞추기 위한 변화를 감행하는 것은 쉬운 결정이 아니다.

아는 것과 모르는 것. 2×2 매트릭스로 표현한다면 고객 가치가 대표적이다. 고객 가치는 어쩌면 경영 현장과 마케팅에서 가장 중요한 개념이다. 고객 가치는 해당 고객이 느끼는 가치를 말한다. 1만 원을 내고 제품/서비스를 구매했는데 고객이 1000원짜리라고 느낀다면 회사는 곧 재앙을 맞게 된다. 반면 고객이 1만 원을 지불했는데 5만 원 수준의 만족감을 느낀다면 치솟는 매출과 이에 따른 생산량을 감당하기 어려울 정도로 행복한 상태에 놓인다. 이 고객 가치를 아는 것과 모르는 것에 생존이 달려 있다.

우선순위는 긴급도와 중요도로 설명할 수 있다. 우리는 대개 긴급한 것을 중요한 것으로 여기는 오류를 범한다. 매일 바쁘게 돌아가는 업무를 수행하는 것은 회사 입장에서는 중요한 일인 반면 개인에게는 긴급한 일에 속한다. 자신이 중·장기적인 관점에서 세운 목표를 이루기 위해 행동하는 것들이 긴급해 보이지는 않지만 중요한 일에 속하는 대표적인 사례다. 당장 하지 않는다고 굶어 죽지는 않기 때문에 중요한 것들은 항상 의식적인 노력으로 일깨워야 한다. 여기에는 절제와 인내, 철저한 자기 관리가 요구된다. 가령 글 쓰는 이들은 자신을 책상에 앉혀놓고 네댓 시간 꼼짝 않도록 스스로를 다그친다. 이게 긴급도와 중요도다. 우선순위는 긴급한 일과 중요한 일 중 무엇을 첫 번째로 해야 하는가의 딜레마다. 당장의 이득을 위해 세금을 탈루하는 수법을 쓴다면 사업의 지속성에 치명상을 입힐 것이다. 건전한 바탕 위에 한정된 자원인 시간과 비용, 집중력으로 무엇을 첫 번째로 할지 결정해야 한다.

나머지 딜레마들도 이 책에서 제시되는 다양한 사례 속에서 설명된다. 유형과 구조, 딜레마, 속성은 독자들도 제한 없이 추가할 수 있으며 이는 2×2 매트릭스가 추구하는 개방적 사고와도 일치한다. 2×2 모델이 완성되었다 하더라도 문제는 외부 환경과 당사자의 상황에 따라 얼마든지 바뀔 수 있다. 우리는 다양한 유형과 구조, 딜레마, 속성만큼이나 열려 있는 사고 체계를 가지고 여러 차례의 시도를 통해 유연하게 해결책을 탐구하면 된다.

6

2×2 매트릭스
작성하기

지금까지 문제를 정의하고 해결하는 2×2 매트릭스의 유형과 구조, 딜레마, 속성에 대해 살펴봤다. 이제 실제 2×2 매트릭스를 작성하는 방법론에 대한 이야기해보고자 한다.

앞서 인간은 직관-통찰-혜안의 순서로 성숙해진다는 것을 설명했다. 2×2 매트릭스의 작성도 마찬가지다. 어떤 문제에 대해서는 직관적으로 2×2 매트릭스를 작성할 수 있지만 또 다른 문제에 봉착해서는 직관을 넘어 통찰이 요구되기도 한다. 문제에 따라서는 빠르게 작성할 수도 있고 반대로 시간이 걸릴 수도 있다. 정밀한 모델링을 위해 새로운 변수를 포함시킬 때, 주변의 다양한 의견을 수렴해야 할 경우 2×2 매트릭스를 작성하는 데 좀더 많은 시간이 들고 여러 번 수정하는 일도 생긴다. 그럼에도 불구하고 2×2 매트릭스의 작성은 당신에게 언제나 흥미와 재미를 선사할 것이다. 바로 당신의 문제를 해결하는 과정이기 때문이다. 2×2 매트릭스를 작성하는 것은 그래서 일이 아니라 논리적이고 과학적인 여정이 될 것이다.

2×2 매트릭스의 구성 요소

2×2 매트릭스 구조의 설명

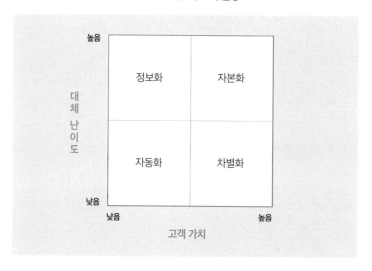

위 매트릭스는 전형적인 2×2 모델이다. 이 모델을 이용하여 2×2 매트릭스의 구조를 설명할 수 있다.

1. X축과 Y축

X축: 고객 가치, 고객 인식 가치

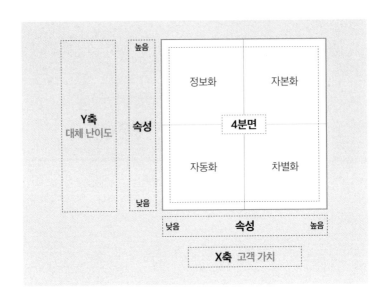

Y축: 대체 난이도, 경쟁 우위

2. 속성

X축 속성: 낮음, 높음

Y축 속성: 낮음, 높음

3. 4분면

- **자본화** 고객 가치가 높고, 경쟁자가 따라잡기 어렵다면 엄청난 자본을 벌어들일 준비가 완료된 상황이다.
- **정보화** 경쟁자가 단기간에 따라잡기 어려운 지식이나 기술이라면 잠재 고객들을 위해 무료로 제공하거나 끼워 팔기로 부

4분면상의
특별한 표시가 없는 경우
사분면은 위 순서를 따른다.
(우측 상단이 1사분면)

가가치를 창출할 수 있다.

- **자동화** 누구나 쉽게 할 수 있고 고객 가치도 낮은 자동화 단계의 일들은 키오스크나 로봇카페처럼 인간에서 기계로 점차 대체되고 있다. 기업은 자동화를 통해 비용을 절감한다.
- **차별화** 고객 가치는 높지만 누구나 제공할 수 있는 서비스라면 (미용실, 네일숍, 자동차 정비소 등) 원가 우위 전략, 패키징 전략 등을 활용하여 경쟁자와 차별화할 수 있다. 또는 마케팅 활동이나 소프트웨어 개발 등은 반드시 필요한 업무이지만 상시 인력을 두는 것보다 프로젝트마다 외주(아웃소싱)를 주는 것이 경제적으로 유리한 선택일 수 있다.

2×2 매트릭스 작성해보기

2×2 매트릭스는 다음과 같은 네 가지 순서로 작성한다.

1. 문제 인식

현재 상태와 원하는 상태의 간극이 무엇인지 적는다. 신사업 부문의 매출 부진을 예로 들 수 있다. 회사의 매출이 악화되어 회사 운영이 어려워졌다. 여기서 매출이 낮아진 여러 원인을 파악해야 한다.

문제를 정의하고 분석하여 해결 방안을 찾는 데 도움이 되는 질문과 논리적인 순서가 있다.

매출 목표가 있다면 무엇이 문제인지 명확히 정의하고 해결 방안을 모색할 수 있다. 가령 다음과 같은 문제에 직면했을 수도 있다. 현재 회사를 운영하고 있는데 매출은 점점 하락하고 나아지리라는 희망도 없다면 어떻게 해야 하는가? 악화된 매출을 문제라고 정의하면, 시장 상황이나 아이템에 맞게 원가 우위 전략이나 차별화 혹은 틈새 전략을 답으로 제시할 수 있다. 기본은 해당 산업 내 소비자의 욕구를 파악하는 것이다. 소비자가 근본적으로 무엇을 원하는지 먼저 파악하고 그 니즈를 채워줄 아이디어 등을 효과적으로 구현하는 방안에 돈을 투입하는 것이 원칙이다. 문제의 유형은 다양해도 결국 소비자 입장을 최우선으로 고려하는 것이 문제 인식의 시작점이다. 올바른 문제 정의 자체가 곧 해답으로 직결되는 경우도 적지 않다.

1. 문제의 정의	문제가 있는가?
	그럼 문제는 어디에 있는가?
2. 분석	왜 문제가 있는가?
	문제에 대해 무엇을 할 수 있는가?
3. 해결 방안 찾기	문제에 대해 무엇을 해야 하는가?

핵심 문제 도출 방법

1단계	**브레인스토밍 후 마인드맵 작성**	모든 문제 요소를 끄집어내 기록
		문제의 레벨 구분
		범주화
2단계	**주요 문제 파악**	요소들을 상위 레벨과 하위 레벨로 구분
		가중치 부여하여 사소한 일과 주요 문제 구분
3단계	**핵심 문제 도출**	본격적으로 다루어야 할 핵심 문제가 수면 위로 드러남

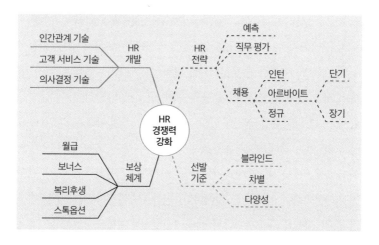

매출 부진의 이유 중 기업 내부적 요소인 인사관리HRM, Human Resources Management 관련 문제도 있을 수 있다. 인사 관련 문제를 해결하기 위해 좀더 세부적으로 핵심 문제를 파악하는 것에 대해 살펴보자(위쪽 표).

여기서 1단계 마인드맵은 문제의 레벨을 구분하고 그룹화하는 데 유용한 도구다. 안드로이드나 IOS 모바일 앱에 무료 프로그램들이 있으니 활용할 수 있다. 아래 그림은 IOS의 무료 마인드 맵 프로그램으로 직접 작성한 것이다.

마인드맵을 작성하면 문제들을 일목요연하게 정리하여 한눈에 볼 수 있다. 공부나 일에서 최상위 성과를 내는 사람들은 머릿속을 어지럽히는 여러 분야의 문제를 능동적으로 정리하는 데서 시작한다. 예를 들어 현재 직원들 월급이나 복리후생도 문제이고 단기 아르바이트와 정규직 채용을 준비해야 하며 조직 내 의사결정 기술도 개발해야 하는 상황이라면 위와 같은 마인드맵을 그려서 정리할 수 있다.

위 그림에서 인적 자원Human Resources이라는 핵심 주제를 중심으로 HR 개발, HR 전략, 보상 체계, 선발 기준이라는 상위 레벨의 네 가지 주요 문제가 보인다. 이 상위 레벨 밑으로 다양한 하위 레벨의 요소가 정리된 것을 볼 수 있다. 예를 들어 '개발'이라는 상위 레벨에 속해 있는 하위 레벨 요소로는 인간관계 기술, 고객 서비스 기술, 의사결정 기술들이 있다. 여기서 중요한 점은 개발과 의사결정 기술은 동일 레벨이 아니라는 것이다. 우리는 수많은 하위 레벨을 해결할 상위 레벨을 찾고 이 상위 레벨 요소들 중에서도 가중치를 두어 지금 당장 해결할 문제를 규정할 수 있다. 즉 사소한 일과 주요 문제를 구분하는 것이다. 이 과정이 끝나면 당신이 해결해야 할 핵심 문제가 도출된다.

문제를 파악하는 검증된 단계를 설명했고 이 내용만으로도 문제를 규정하는 데는 별다른 어려움이 없을 것이다. 다만 여기서 문제가 발생하는 근본적인 내용도 몇 가지 들여다볼 필요가 있어 추가로 설명하고자 한다. 이 책에서는 1장 2×2 매트릭스의 설계와 활용

외에 비즈니스, 인간관계, 역량 강화라는 세 가지 핵심 주제에 대해 이야기하고 있는데, 그중 비즈니스 부분에 대한 이야기를 통해 문제 발생의 근본적인 원인을 함께 생각해보자.

자신감을 갖고 새로운 가능성에 도전하는 것은 비즈니스 종사자의 바람직한 자세이지만 실제 사업의 기획과 구현 단계까지는 복잡하고 다양한 장애물이 수없이 존재한다. 난관을 극복하고 성공하기 위해서는 경험과 많은 도움이 필요하다. 혹시 독자 중 누군가는 빅데이터 서비스를 제공하는 IT 스타트업의 설립 계획을 추진하고 있을 수도 있겠다. 이 서비스를 통해 유저를 10만 명 이상 확보하여 다양한 수익 구조를 실현하고 향후 네이버나 구글과 같은 IT 공룡 기업에 기술 이전을 하거나 매각하는 방안도 생각하고 있을 수 있다. 출구Exit 전략 목표는 1000억 원으로 잡았다. 작지 않은 목표이고 벌써부터 가슴이 뛴다.

그러나 현실로 돌아와서 당장 온라인 비즈니스를 하는 개인과 기업에게 빅데이터 서비스를 제공하기 위해서는 자본과 인력, 프로그램 개발, 마케팅 능력 등이 요구되는데 자신이 보유한 역량은 의욕 넘치는 2명의 인력과 파이선과 같은 개발 프로그램을 이해하는 정도가 전부이며 자본과 마케팅 능력은 없다면 어떻겠는가?

여기서부터 문제 발생 지점이다. 문제를 정확하게 찾아야 올바른 해결 방안을 세울 수 있다. 당장 개발에 필요한 모든 프로그램을 빠른 시간 안에 습득하든가 외주를 맡겨야 한다. 스스로 개발 역량을 갖추려면 학습 시간과 개발에 드는 기간까지 최소 1년 이상이 걸린다. 아이디어의 생명력이 3개월인 점, 시간이 충분하지 않은 점을 감안하여 외주 개발자에게 의뢰하니 최소 5000만 원의 개발 비용과 6개월 이상의 시간이 걸린다는 답변을 받았다. 여기서 자본이 넉넉하지 않다면 어떻게 할 것인가? 다른 대안을 찾을 수 있을까? 회사 설립 자금을 훌쩍 넘어서는 개발 비용 탓에 주저앉을 것인가? 이쯤에서 포기하는 것도 그리 나쁘지 않은 선택이다. 아니면 방법을 달리해, 은행 대출을 받으면 반드시 갚아야 하지만 투자금은 갚지 않아도 되고 향후 수백 배 이상의 로토가 될 수도 있으니 주변에 관심 있는 사람들을 설득하여 투자를 받을 것인가? 또는 정부 정책 자금을 지원받는 방법을 강구할 것인가? 다른 사업이나 일을 먼저 시작하고 거기서 벌게 되는 돈으로 프로그램을 개발하는 것은 어떤가? 전세금을 빼서 외주 개발자에게 5000만 원을 주고 개발했는데 정작 당초 예상했던 이용자 수의 10분의 1도 안 될 수 있고 수익도 전혀 발생하지 않아 사무실 임대 비용은 물론 함께 시작했던 파트너와 다른 곳에 취업해야 하는 새로운 문제가 발생할 수도 있다. 여기에 더해 개발한 프로그램의 유지 보수에도 한 달에 수백만 원을 지불해야 하는 상황이다. 사실상 대다수 플랫폼 스타트업이 이런 벽에 부딪히고 있다. 자신의 '훌륭한' 서비스를 수십만 명에서 수백만 명 이상의 타깃 소비자에게 단기적이고 지속적으로 융단폭격식 마케팅 활동을 하지 못하는 것이 문제인데, 이 마케팅 비용은 어디서 충당할 것인가? 한 달에 수백만 원 수준으로는 애초에 세웠던 원대한 목표를 달성하기란 역부족이다.

다시 처음으로 돌아가서, 더 혁신적인 기술의 등장은 위협 요소이지만 더 많은 유저를 확보한 경쟁자는 넘어서기 힘든 벽이다. 소비자는 기술자들만 중요시하는 것들, 어쩌면 겉으로 잘 드러나지 않는 기술력보다는 자신의 편의나 혜택에 훨씬 더 큰 관심을 보인다. 소비자 입장에서 기술력은 적정 수준이면 크게 상관없는 요소다. 이런 소비자를 이해한다면 기술력에 큰 자원을 투입하는 것이 현재의 문제 해결에 도움이 되지 않을 수도 있다. 근본적으로도 경쟁자에 의해 대체되기 힘든 기술력을 보유하는 것을 노리는 게 더 비현실적이다. 기술은 소비자에게 편리함이나 시간 단축같이 확실한 고객 가치(혜택)를 주는 편이 유리하긴 하지만 이런 정도의 개발 프로젝트에 개인과는 비교도 할 수 없는 상당량의 자원을 할당할 수 있는 경쟁자 또한 많기 때문이다.

여기서 문제를 바라보는 관점을 단순히 소비자가 불편해하는 문제의 해결 그 자체가 아니라 소비자가 "대체 왜" 불편해하는가로 전환할 필요가 있다. 당장 기술이 부족하니까 자신이 기술을 직접 습득하거나 아웃소싱으로 해결하는 것은 누구나 실행할 수 있는 대안이다. 이런 수준의 아이디어로는 설득은커녕 100만 원도 투자받지 못한다. 가령 20대의 남자 대학생이 리바이스 청바지를 구매하는 이유가 내일모레 있을 소개팅 때문이라고 해보자. 이 대학생이 청바지를 사는 이유는 리바이스가 좋아서라기보다 상대방에게 잘 보이고 싶은 욕구 때문이다. 그러면 굳이 청바지가 아니라 시즌에 맞는 색상의 면바지가 더 좋을 수도 있다. 또는 체형을 고려하자면 운동이 필요할 수도 있다. 소비자가 왜 구매하는지 본심을 들여다보면 욕구 파악이 뚜렷해지므로 그에 맞는 해결책에 더해 다른 대안까지 제시할 수 있다. 자신의 마음을 알아주고 함께 공감하는 사람에게 우리는 호감을 느끼지 않던가?

소비자들이 어떤 점에 불편함을 느끼는지, 내심의 의사는 무엇인지는 온라인 카페나 뉴스 기사, 블로그, 페이스북, 유튜브의 댓글만으로도 충분히 수집할 수 있다. 이런 소스들이 소비자들의 '왜'가 된다. 이런 정보를 모으는 데는 관심과 약간의 시간이 들 뿐 비용은 들지 않는다. 소비자들이 보기에 기술력은 비슷한데 웹/앱의 반응이 느리다든지(최적화 문제) 구매에 이르는 데 20번의 클릭(소비자 경험)은 불편한 경험을 안겨준다. 혹은 같은 값이면 더 유명한 곳에서 구매하고 싶어할 수 있다(브랜딩의 문제). 반면 속도가 빠르고 구매까지 가는 데 5번 이하의 클릭으로 된다면 혁신적 기술력이 아니어도 확실한 차별점을 줄 것이다. 따라서 시작점은 아주 작은 부분이어도 상관없다. 소비자의 불편함, 소비자의 편의를 생각하는 마음만 있다면 말이다.

결국 외부 환경(소비자, 경쟁자 등)을 먼저 파악하고 그에 맞는 내부 역량을 보유하고 있는지 고민하는 것이 올바른 문제 인식을 위한 태도이며, 이를 통해 해결 방안의 열쇠를 찾게 된다.

소비자, 즉 제품/서비스를 구매하는 상대방의 입장이 되어 생각해보면 비즈니스 환경에서 맞닥뜨리는 문제들이 달리 보일 것이다. 이를테면 아이템 선정의 문제, 사업을 오프라인 매장에서만 할 것인지 온라인 채널도 활용할 것인지 따위의 문제는 이미 해결한 것이나 다름없다. 2019년 처음 발생한 코로나 사태에 직면해 미국 내 피자 주문량이 폭발적으로 증가했는데, 도미노 피자는 업계 2등에서 1등이 되어 부동의 1위였던 피자헛의 선두 자리를 차지했다. 도미노 피자는 온라인 배달에 집중했던 반면, 피자헛은 주요 판매 채널로 오프라인 매장을 고집했다. 피자는 먹고 싶은데 밖에 나가기 두려운 소비자의 심리를 잘 파악하여 온라인 주문 플랫폼을 사전에 준비했던 도미노의 전략이 주효했다. 소비자와의 접점을 늘리고 편리한 구매를 가능하게 하는 데 온라인 채널의 활용은 소비자의 마음을 잘 들여다본 훌륭한 사업 방식이다.

현재 문제가 매출 하락이라면 그 자체보다는 소비자가 무엇을 요구하는지, 무엇에 불만인지, 무엇을 선호하는지 파악하는 것이 문제 인식의 출발이다. 매출 하락에만 집중한다면 경쟁자보다 가격을 낮추거나 더 많은 마케팅 비용을 들이는 결정을 할 수 있다. 반면 '왜 매출이 떨어지는가'라는 관점에서 살펴보면, 피자 토핑이 적거나 피자 도우가 지나치게 두껍거나 기름지거나 배달 시간이 느리거나 등의 귀중한 의견들이 모여서 쉽게 매출 상승의 실마리를 잡을 수 있다.

당면한 문제와 그 해결책을 2×2 매트릭스로 도출하기 위한 첫 번째 단계로, 현재 직면한 문제의 요소들을 전부 고려하되 소비자의 '왜'를 중심으로 접근하고 이를 해결하기 위한 역량은 있는지 파악하는 게 순서다. 없으면 보강하면 된다. 그러기 위해서 소비자가 지닌 문제는 무엇인지 그리고 당신이 가지고 있는 역량은 무엇인지 솔직하고 용기 있게 적을 필요가 있다.

2. 문제의 범주화 Grouping

같은 문제들은 같은 서랍에 넣고, 하위 요소들을 상위 요소와 구분하여 적는다. 이를테면 매출 하락에 관련된 문제들만 따로 적고 기술력에 관계된 내용만 그룹화하여 따로 적는다. 그리고 이들을 상하위 요소로 구분한다. 마지막으로 핵심 요소를 도출한다. 문제 정의 부분에서 나온 몇 가지 요소 혹은 그보다 많은 요소가 있다 하더라도 실제 문제의 본질을 잘 설명하는 요소들이 핵심이며 이런 변수를 3~5개쯤 단순화하여 선별하면 충분하다. 이 중에서 가장 중요한 두 가지 요소를 X-Y축으로 규정한다. 이를테면

요소 A1, A2, A3 = A 문제
요소 B1, B2 = B 문제
요소 C1 = C 문제
요소 D1 = D 문제

로 정의할 수 있다. 이 중 A 문제의 비중이 50퍼센트이고 B 문제가 30퍼센트, 나머지 C 문제와 D 문제는 각각 10퍼센트의 비중이라면 문제를 해결하는 주요 변수는 A와 B가 된다. 이 둘을 X-Y로 활용할 수 있는지 다각도로 살펴보면 된다.

3. X-Y축의 규정

범주화에서 나타난 상위 요소들을 포함하는 두 가지 핵심 요소를 추출하며 이것이 X-Y축이 된다. 이 단계에서는 앞서 설명했던 2×2 매트릭스의 구조를 떠올려서 이 두 요소가 대조를 이루는지, 관련성이 있는지를 판단한다.

X-Y의 속성은 45쪽 2×2 모델링 표를 참조한다.

4. 4분면의 정의

X-Y축과 그 속성을 규정하고 나면 이제 마지막 화룡점정인 4분면을 정의하는 단계다. X-Y축이 문제의 인식과 해결이라는 관점에서 올바르게 규정되었다면 마지막으로 이 4분면을 채우는 독창적이고 재미있는 시간을 즐길 수 있다. X-Y축의 규정도 그렇지만 이 4분면은 문장보다는 상황을 정확하게 묘사하는 표현이나 위트 있는 명칭으로 채울 수 있다. 작성하다보면 한두 개는 뭔가 애매하거나 아이디어가 떠오르지 않을 수 있다. 그러나 마지막 단계에 이르러서 얻는 이 하나하나의 정의들은 문제 해결에 있어 귀중한 열쇠이며 중요도는 모두 동일하다. 이 과정에서 X-Y축을 재조정하는 일도 일어나는데, 이는 일반적인 현상이다. 혹은 한두 개만 제대로 된 4분면을 얻을 수도 있다. 이 역시 문제 인식과 해결에 통찰을 준다는 점에서 소중하다. 모든 요소를 아우르는 본질을 규명한다는 점에서 마지막을 적어넣을 때 느끼는 쾌감은 2×2 매트릭스가 주는 선물이다.

일반적으로 그림을 한 번 그린 사람보다는 열 번 그린 사람이 자신의 생각을 그림으로 더 잘 묘사할 수 있다. 2×2 매트릭스라는 도구도 쓸수록 숙련된다는 점에서 그림 그리기와 다를 바 없다. 다만 개인이 처한 상황은 천차만별이기에 저마다 각자의 문제에 대해 깊이 있는 고민이 필요하다. 이 책의 다양한 2×2 매트릭스 사례를 통해 4분면을 정의하는 아이디어를 얻게 될 것이다(2×2 매트릭스의 구조상 X와 Y는 서로 바뀌어도 무방하다).

그럼 여기서 4분면을 정의한 예를 살펴보자. 걱정-통제 2×2 모델은 자신이 제어할 수 있는 점과 제어할 수 없는 점을 명확히 하는 데 쓰인 도구다. 예를 들어 걱정 수준은 높은데 자신이 통제할 수 없다면 우선 받아들이는 것이 문제를 풀 수 있는 실마리의 시작이다. 걱정 수준이 마찬가지로 높은데 통제할 수 있다면 기꺼이 바꾸거나 변화시켜야 한다.

X-Y축 명칭	
고객	니즈
혁신성	공급
고객 인지 가격	고객 인지 가치
계획	실행 능력
문제	해결책
내부 역량	외부 환경
규모의 경제	수요
시장	제품
경쟁 우위	경쟁 범위
고객 가치	대체 난이도
조직 역량	전문 역량
능력 격차	시장 범위
작업 조건	동기부여
이익	매출
고객 관계	고객 수익성
상호 협력	자기주장
상대방	자신
긴급성	중요성
걱정 수준	통제 가능성

통제 가능성-걱정 수준

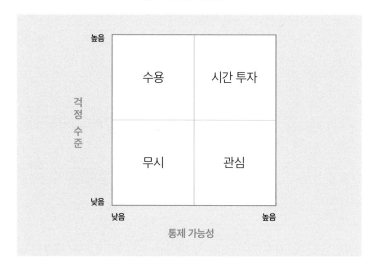

- **수용** 걱정 수준은 높으나 자신이 통제할 수 없는 일이라면 과도한 노력이나 시간을 투입하지 않아야 한다. 문제를 다른 관점에서 바라보고 넓은 마음으로 수용한다.

- **관심** 걱정 수준이 낮아서 큰 문젯거리는 아니지만 통제할 수 있는 문제라면 변화 의지와 관심을 갖고 처리한다.

- **무시** 타인에게는 중요한 일일지 몰라도 자기 인생에 전혀 영향이 없는 요소에 시간을 투입하는 것은 낭비다.

- **시간 투자** 인생이나 커리어에 중대한 영향을 미치는 일에 자원을 투자하고 적극 개입하여 스스로 성과를 내는 데 드는 시간은 전혀 아깝지 않다.

7

2×2 매트릭스 설계: 설명형

2×2 매트릭스에서 정보의 단순 나열인 '설명형' 유형을 활용하는 이유는 상대방에게 자료나 정보 혹은 현실적 대안을 일목요연하게 전달하기 위함이다.

앞서 잠깐 다룬 적 있는 고객 가치-대체 난이도 매트릭스다.

신규 시장 진입자나 현재 시장에서 경쟁하고 있는 개인과 기업 모두 이 매트릭스를 바탕으로 전략을 수립하고 구사할 수 있다. 여기서는 고객 가치-대체 난이도 매트릭스를 '설명형'으로 활용한다. 당신이 만약 경영 컨설턴트나 회사 팀 내에서 새로운 전략을 수립해야 하는 과장이라면, 의뢰인이나 팀장에게 당장 실행할 수 있는 전략의 네 가지를 2×2 매트릭스를 활용하여 일목요연하게 보여줄 수 있다. 대개 이런 매트릭스는 회사 내부 역량과 외부 환경과의 관계를 규정하여 현재 자사의 위치와 전략적 방향성 수립에 도움을 주기 위해 설계한다.

- 유형 설명형
- 구조 비교
- X축 고객 가치
- Y축 대체 난이도
- 속성 높다 / 낮다

먼저 X축은 고객 가치이고 Y축은 대체 난이도다. 그러면 어떻게 X축과 Y축의 이름을 정의할 수 있을까? 이미 제품/서비스를 시장에 제공하는 기존 회사 입장에서 접근하여 생각해볼 수 있다. 현재 회사가 고객들에게 제공하는 제품이나 서비스는 고객이 지불한 비용보다 높은 만족을 주는가? 고객들을 더 편리하게 해주는가? 고객들의 시간을 줄여주는가가 X축 고객 가치에 함축되어 있다. 같은 산업 내 다른 경쟁자들에 비해 고객에게 확실하게 혜택을 주고 있다면 고객이 느끼는 가치는 높을 것이다. 뭔가 차별점이 있는 경우도 마찬가지다. 기존의 같은 제품/서비스로 시장 내에서 경쟁하는 상황이라면 타사보다 낮은 원가 우위 전략을 통해 동종업계 최저가를 실현함으로써 시장 점유율을 높이거나 애초에 패키징이나 단위를 달리 추천하여(노출하여) 가격 경쟁을 피할 수 있다. 이를테면 국내 화장품 산업에서 거의 모든 화장품은 한국 콜마가 생산하고 있다. 각 화장품 회사는 비슷한 제품을 가지고 네이밍Naming과 마케팅 전략만 달리할 뿐 유사한 세그먼트에서 경쟁하고 있다. 웹사이트 판매의 경우, 이미지를 크고 선명하게 하거나 클릭 세 번이면 최종 구매까지 완료되는 고객 경험User Experience, UX을 제공해 타사와의 차별점을 만들 수 있다. 자사만의 전략이나 차별화되는 요소가 없다면 고객 가치 축의 속성은 '낮다'로 규정한다.

누구나 벤치마킹할 수 있는 기술이나 콘텐츠라면 단기간에 대체될 것이다. 대개 유효 신규 진입자들은 기존 서비스의 업그레이드 버전을 자신들의 서비스에 기본 탑재하여 등장한다. 기술 우위 기업들은 차기와 차차기의 메인 아이템(기술/서비스)을 미리 고안하거나 현재의 아이템을 고객 가치를 높이는 방향으로 혁신하면서 이런 상시적 외부 위협 상황에서 점유율을 빼앗기지 않고 매출 유지와 점유율 향상을 꾀할 수 있다. 한편 시장에 선보이고 있는 어떤 기술력보다 더 뛰어난 기술력을 가진 강력한 신규 진입자라 하더라도 성공 확률은 극히 낮다. 기존 업체들은 충성도 높은 고객을 미리 확보하고 있다는 점과 먼저 시장에 뛰어들어 기회와 위협을 겪었다는 점 때문에 그렇다. 산업 내 경쟁에서 살아남기 위해 적지 않은 대가를 지불하면서도 결국 생존한 경험에서 훌륭한 대응책이 나오며, 이는 지식과 기술력이 합쳐진 노하우의 형태로 자사의 자산이 된다. 이런 노하우로부터 높은 고객 가치를 실현하는 제품/서비스가 탄생한다는 점에서 신규 진입자 대비 경쟁 우위 요소가 된다. 기술력이든 전략이든 노하우든 경쟁자에 의해 쉽게 대체된다면 이 항목은 '낮다'고 규정하고, 경쟁 우위가 확실히 존재한다면 '높다'고 설정할 수 있다.

이런 종류의 2×2 매트릭스는 현재 회사의 입지와 경쟁자, 시장성 모두를 아우르기 때문에 설득력 있는 자료를 준비하고자 할 때 효과적이다. 여러 고민으로 어지러운 상대방에게 명확하면서도 잘 정의된 2×2 매트릭스는 독창적이고 효과적인 대응책을 찾아내도록 머릿속을 환기시켜주는 역할을 할 것이다.

8

2×2 매트릭스 설계: 선택형

2×2 매트릭스를 설계하는 방법은 아래 네 가지 단계를 따르면 된다.

- 유형 파악하기
- 축 구조 짜기
- 축 이름 정하기/속성 정하기
- 4분면 완성하기

2×2 매트릭스는 다양한 상황과 여러 목적으로 활용할 수 있다는 점에서 탁월한 도구다. 같은 정보도 다른 유형과 구조로 설명할 수 있다. 2×2 매트릭스의 유형 중 선택형에 대해 소개하겠다.

1953년 5월 셰르파 텐징 노르가이와 영국 원정대 대장인 에드먼드 힐러리는 세계 최초로 에베레스트산(8848미터) 정복에 성공했다.

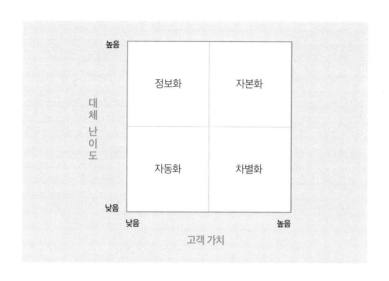

이 일이 있기 직전 보딜런과 에번스는 8400미터까지의 등정에 성공했지만 산소 장비의 고장으로 내려와야 했다. 만일 이때 포기하지 않고 계속 등정했다면 살아 돌아올 가능성은 거의 없었다.

리더는 중대한 갈림길에서 "계속 가야 할지" "다른 길로 가야 할지"를 두고 심사숙고한다. 자신의 사업적 야망과 현실 사이에서 갈등이 일어나기 때문이다. 이때 자사의 비즈니스 모델이나 전략, 시장성, 사업성 등을 따져보고 현실성 있는 대안을 택해야 한다. 이윤을 추구하는 기업의 속성상 네 가지 대안 중 '자본화'가 이상적인 선택지이지만 이는 많은 자원과 시간을 요구한다(이 매트릭스에 대한 설명은 1-2에 나와 있다). 비즈니스의 질은 기업과 고객이 서로 주고받는 이익/수익성, 그리고 두 행위자 모두의 만족도에 따라 결정된다. 기업 입장에서 불만이거나 고객이 불만족스러워한다면 개선이 시급히 요구되는 빈약한 비즈니스 모델이다. 사업적 기초가 탄탄해야 지속성을 갖고 제품/서비스를 제공할 수 있다. 사업적 기초는 비즈니스 모델, 전략, 시장성, 사업성 그리고 여기서 나오는 구체적인 실행 과제를 충실히 따르는가에 달려 있다. 특히 시장조사를 통해 고객의 니즈와 실제 수요, 자사의 생산 능력과 판매 능력, 비용과 수익을 올바르게 파악하는 것은 사업적 기초를 탄탄하게 하는 데 핵심 요소다.

이 핵심 요소들에 따라 구체적 실행 과제가 정해지고 이를 계획에 맞게 수행해나가므로 피상적 단계에서 실체적 단계로 넘어가게 된다.

'선택형'에서는 자사의 현재 시장 내 입지 내지는 역량을 '고객 가치-대체 난이도' 모델을 통해 네 가지 중 하나로 명확히 규정한다. 사업 초창기라 아직은 낮은 고객 가치와 대체 위협이 높은 단계라면 '자동화' 단계로 규정하면 된다. 선택에도 여러 종류가 있지만 이번 2×2 매트릭스는 예에서는 어디로 가야 할지 방향이 보인다.

기업이 나아가야 할 방향은 고객과 경쟁관계, 이 두 가지에서 결정된다. 고객이 필요로 하는 제품이 무엇인지, 고객이 바라는 서비스가 무엇인지 아는 기업이 고객에게 더 큰 가치를 제안할 수 있다. 그리고 산업 내 경쟁관계를 정확히 이해하면 지금보다 더 효과적으로 경쟁할 방법을 찾아 수행할 수 있게 된다.

이런 식으로 과도기적인 자동화 단계를 넘어 정보화, 차별화 단계로 나아갈 수 있다. 자본화 단계는 기업이 차지할 최고의 4분면이다. 경쟁자들보다 높은 기술력과 노하우를 바탕으로 독보적이고 독창적인 고객 가치 제안 능력을 갖춘다면 자신의 사업 모델을 통해 시장의 자본을 쓸어 담는 위력을 발휘할 수 있다. 끊임없는 학습과 성장의 선순환이 이상적인 영역으로 옮겨가는 방법이다.

9

2×2 매트릭스 설계: 방향 제시형

기업의 핵심 딜레마는 비용과 이익 사이의 갈등이다. 지식과 기술을 넘어선 디지털 시대에서 다음 단계로의 성장은 투자 없이는 거의 불가능하다. 그리고 성장 없이 생존하는 경우는 거의 없다. 기업은 생존을 넘어 지속 가능한 성장을 목표로 해야 한다. 여기서 투자 없는 성장은 거품이며 다른 경쟁자들의 도전을 부른다. 막 시작한 스타트업은 자금력이 빈약하다. 당장 지출해야 할 마케팅 비용이 설립 자금을 넘어서는 예가 다반사다. 지출할 비용이 충분치 않으니 성장은 요원하고 생존 가능성은 늘 불투명하다. 초창기 스타트업은 생존 불투명 영역에서 시작하지만 과도기를 지나 목표 영역에 도달하는 것이 바람직한 방향성이다.

비용-이익 2×2 모델에서 이러한 점들을 이해할 수 있다.

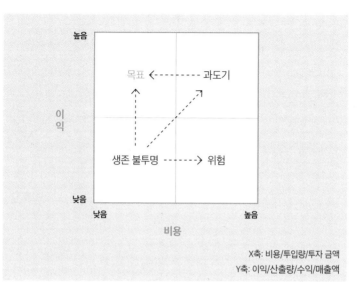

X축: 비용/투입량/투자 금액
Y축: 이익/산출량/수익/매출액

- **생존 불투명** 말 그대로 성장에 투자할 비용이 모자란 스타트업이 해당된다. 처음 시작은 생존 가능성을 알 수 없으나 마케팅이나 시장 확대, 신규 고객 유치, 핵심 역량 개발 및 강화로 이 단계를 넘어서서 '과도기'나 '목표 영역'에 도달할 수 있다. '위험' 영역은 절대적으로 피해야 할 전략적 영역이다. 비용-이익의 구조를 분석하면 이 영역에 빠지는 것을 방지할 수 있다.
- **위험** 비용이 높고 수익성은 떨어지므로 생존이 불가능한 영역이다.
- **목표** 적은 비용으로 높은 수익성을 구현하는 영역이다. 높은 수익성은 지속 가능한 성장의 충분조건이다. 높은 고객 가치를 실현하여 시장 점유율이 높아졌거나 마진이 높다면 실현 가능한 영역이다.
- **과도기** 비용도 높고 수익도 높은 구간이다. 생존 불투명의 영역은 지나왔지만 마찬가지로 불안한 사업 구조다. 사업에서는 모든 과정에 돈이 든다. 비용 효율

적 투자가 요구되는 구간이다. 어느 정도의 위험을 안고 있더라도 투자 비용 대비 최대의 이익을 구현할 수 있는 지점이 어디인지 명확히 해야 생존 확률이 높아진다. 이 영역에서는 경쟁자나 선두 주자를 따라하면 중간은 갈지언정 최선의 노력을 경주해봐야 그들과 비슷해질 뿐이다. 고객의 니즈를 첫 번째 힌트로 삼아 독창적이고 대체 난이도가 높은 제품/서비스를 제공하는 것이 장기적인 경쟁 우위를 만든다.

10

2×2 매트릭스 설계: 확장형

지금까지는 전형적인 2×2 매트릭스 유형들을 살펴봤다. 매트릭스 구조는 X축 혹은 Y축으로 무한정 확장할 수 있다. 여기서는 2×2 구조보다 역동적 설명이 가능한 3×3 유형을 소개한다.

시장특화형Market Specialization을 구사한다면 제품 개발 비용은 많이 들지만 다양한 시장을 찾을 수 있다. 제품특화형Product Specialization은 제품 개발 비용은 적게 들지만 각 시장에서 똑같은 시장 점유율을 이루는 데는 한계가 있을 수 있다. 제품특화형 제품으로 대표적인 것은 소주다. 20대, 30대, 40대 연령층을 타깃으로 한다.

광범위한 시장에 여러 개의 제품을 내놓아 불특정 다수를 대상으로 할 수도 있다Mass Marketing. 제품과 표적 시장을 선정하는 단계에서 2×2의 확장형의 하나인 3×3 매트릭스로 설명하면 좀더 역동적으로 표현할 수 있다.

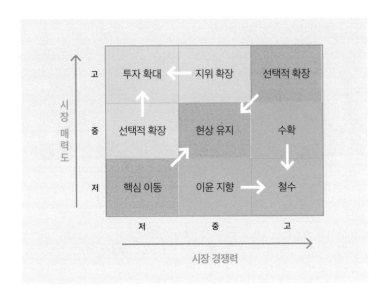

위 3×3 매트릭스는 세계적 경영컨설팅 기업인 맥킨지와 제너럴 일렉트릭이 합작해서 만든 GE 매트릭스로 기업이 가진 사업 모델을 평가하고 분석하는 도구이다.

X축은 시장 경쟁력, Y축은 시장 매력도를 나타낸다. 일반적으로 시장 경쟁력은 자사의 사업 강점을 시장 점유율, 생산 능력, 품질, 브랜드, 유통망의 다섯 가지를 고-중-저로 평가한다. 시장 매력도는 제품 시장의 크기, 성장률, 수익률, 경쟁 정도, 기술 수준의 다섯 가지를 고-중-저로 표기한다.

시장 매력도와 시장 경쟁력 두 요소 모두 높은 사업은 "투자 확대" 전략을 취하여 강화하고, 두 요소 중 하나만 강점이 있다면 "현상 유지" 전략을 취하며, 두 요소 모두 취약하다면 수익을 회복하거나 철수하는 전략을 선택한다.

투자 확대 전략에서도 지위 방어, 지위 확장, 선택적 확장 전략을 취할 수 있고, 현상 유지 전략에서도 선택적 확장, 선택-이윤 지향, 핵심이동 등의 전략으로 세분화할 수 있다. 철수 전략에서도 마찬가지로 수확, 이윤 지향, 투자 철회의 전략을 선택할 수 있다. 기존 2×2에 비해 좀더 역동적이며 세밀한 전략 설정이 가능하다.

투자 확대 전략은 청신호, 현상 유지 전략은 노란 신호, 철수 전략은 적신호로 표시한 것이 재미요소이다. 다만 X, Y축인 시장 매력도와 시장 경쟁력을 평가하는 데 한계도 존재한다. 철수 전략을 취한 사업부(혹은 사업 단위)가 현재 성과가 좋은 사업부에도 영향을 줄 수 있다는 점과 주로 기업 내부 자원만 고려하고 있는 점, 객관화가 쉽지 않은 점 등은 GE 매트릭스의 한계로 작용한다.

비즈니스 모델을 구현하고
마케팅하는 방법

2장

당신의 원대한 비즈니스 목표를 명쾌하게 드러내라: MVVS

나침반은 뜨거운 사막에서 조난당한 여행자가 자신의 생명을 지키기 위해 필수적인 물건이다. 나침반은 두 가지 역할을 한다. 길을 잃었을 때 포기하지 않게 하는 것이 하나이고, 원하는 목표 지점까지 도달하도록 돕는 것이 다른 하나다.

비즈니스에서 나침반 역할을 하는 것은 MVVS라는 도구다. 미션Mission, 비전Vision, 가치Value, 슬로건Slogan의 앞 글자를 따서 명명했다.

1. 미션: 당신의 사업이 존재하는 이유는 무엇인가? 원대한 목적을 담은 현재와 미래 가치를 반영하여 미션을 정한다.
   - 사례 1 애플: 현재에 도전하며 생각을 다르게 한다To challenge the status quo, to think differently.

Mission 미션	**V**ision 비전
Value 핵심 가치	**S**logan 슬로건

- 사례 2 페이스북: 사람들에게 공동체를 건설하고 세계를 더 가깝게 만들 수 있는 힘을 주기 위해서To give people the power to build community and bring the world closer together
- 사례 3 테슬라: 바로 지속 가능한 에너지로의 세계적 전환을 가속화하는 것이다Tesla's mission is to accelerate the world's transition to sustainable energy

2. 비전: 당신의 사업이 달성하고자 하는 목표는 무엇인가? 비전은 명확해야 한다. 다음의 다섯 가지를 참조하여 비전을 세울 수 있다. 첫째, 당신의 목표가 중요한 이유, 둘째, 목표 달성을 위한 구체적인 기준, 셋째, 예상 목표의 도달 날짜, 넷째, 비즈니스에서 핵심 계획, 다섯째, 현실성이 있을 것.
- 사례 1 우버: 적은 수의 차로 더 많이 이용할 수 있는 스마트한 교통수단 Smarter transportation with fewer cars and greater access
- 사례 2 BMW: 산업 내에서 최고의 프리미엄 제조사가 되는 것To be the most

successful premium manufacturer in the industry

- 사례 3 에어비앤비: 어디에나 속해 있다 Belong Anywhere

3. 가치: 기업 혹은 경영진이 추구하는 가장 중요한 가치는 무엇인가? 기업은 이윤 창출뿐만 아니라 사회적 발전을 위해 공동체 의식을 가짐으로써 경쟁력을 높일 수 있다. 또한 이는 중요한 의사결정을 할 때 기준이 된다.

- 사례 1 아메리칸 익스프레스: 고객 약속, 품질, 청렴, 팀워크
- 사례 2 코카콜라: 리더십, 협업, 무결성, 책임, 열정, 다양성, 품질
- 사례 3 링크드인: 회원 제일, 관계 우선, 개방적이고 정직하고 건설적이 될 것, 수요 탁월성, 현명한 위험 대처, 주인 정신
- 사례 4 삼성: 인재 제일, 최고 지향, 변화 선도, 정도 경영, 상생 추구

4. 슬로건: 회사나 회사의 제품을 식별하고 기억하기 쉽게 하기 위해 내세우는 표현이다. 스코틀랜드에서 위급할 때 집합 신호로 외치는 소리sluagh-ghairm를 슬로건이라고 한 데서 유래했다. 슬로건은 이해하기 쉽고 단정적일수록 호소력이 높다.

- 사례 1 나이키: 그냥 하라Just Do It
- 사례 2 아디다스: 불가능은 없다Impossible is nothing
- 사례 3 애플: 다르게 생각하라Think Different
- 사례 4 BMW: 최고의 드라이빙 머신The Ultimate Driving Machine
- 사례 5 코카콜라: 행복을 여세요Open happiness

당신의 고객은 무엇을 원하는가 : 검색 엔진 트렌드 키워드 조사법

사업이 어려운 이유와 시장조사를 해야 하는 이유는 같은 맥락이다. 목표로 삼은 시장을 대상으로 조사해봤더니 67퍼센트가 김치찌개보다는 핫도그를 좋아한다는 결과가 나왔다. 이때 김치찌개 대신 핫도그를 만들어서 판매하면 좋은 결과가 나올까? 1차 결과가 나왔다면 2차로 핫도그를 판매하고 있는 경쟁자 현황과 이 핫도그를 대체할 만한 대체재도 함께 조사해야 시장 진입 전략의 기초가 만들어진다. 모를수록 위험도 비례하여 높아진다. 시장조사의 역할은 무지의 정도를 낮추어 위험도를 줄이는 데 있다.

시장 반응을 알면서도 이를 무시하고 자기 신념만 밀어붙인다면 아집이다. 이는 실패의 또 다른 말이다. 시장 반응도 모르고 신념도 없다면 성공 가능성 없이 우연에만 기대게 된다. 시장 반응에는 관심 없고 오로지 자기 신념으로만 사업을 한다면 아직 경험이 부족한 단계다. 시장의 반응을 확인하고 거기에 자신을 맞추는 사업가는 성공의 기회를 잡게 될 것이다.

이처럼 시장조사를 통해 잠재 고객을 발굴하고 신제품이나 서비스의 실현 가능성을 예측할 수 있다. 성공적인 사업의 조건은 사업 시작 전 아이디어나 기술력, 제품을 '고객에게 판매하려는 시도Push Approach'가 아닌 '고객이 스스로 끌려 들어오게 하는 접근 방식Pull Approach'을 쓰는 것이다. 고객의 니즈를 미리 파악하면, 즉 고객이 좋아하는 것을 앞서 알고 제품이나 서비스를 출시하게 되면 고객이 자발적으로 구매하지 않고는 못 배기는 상황이 조성된다.

조직이나 기업은 시장조사를 통해 얻은 데이터를 바탕으로 직관이나 감정이 아닌 정보에 입각한 의사결정을 할 수 있다. 시장조사는 직접 실시하거나 외주(아웃소싱)를 줄 수 있다.

시장조사는 비용(시간, 노력, 조사비 등)이 드는 활동이다. 고객이 필요로 하는 것 또는 고객이 원하는 재화(제품, 서비스)를 경쟁사는 이해하고 적용하는 중인데 정작 자사는 모른다면 경쟁 자체가 안 된다. 경쟁사보다 우위를 점하기 위해서는 고객 지향적 마케팅 전략을 펼쳐야 한다. 새로운 제품의 출시나 기존 제품의 혁신은 고객의 니즈를 모르면 원천적으로 불가능하다.

시장조사를 통해 고객의 니즈를 파악하면 기업의 생산량과 매출액도 예측할 수 있다. 생산량을 잘못 예측해 재고가 쌓여간다면 회사의 리스크도 시간이 갈수록 커진다. 시장조사는 최적의 생산량을 판단하는 데 과학적 근거가 된다.

시장조사의 네 가지 일반적 유형에는 설문조사, 인터뷰, 포커스 그룹, 관찰이 있다. 설문조사는 가장 일반적으로 사용되는 조사 방법이고, 인터뷰는 잠재 고객과 시장에 대한 통찰력을 얻기에 적합하다. 포커스 그룹은 특정 주제에 대해 소수의 그룹을 대상으로 하는 인터뷰로, 진행자moderator의 주재로 6~8명의 참여자가 모여 이야기하는 방식으로 이루어지는 연구 방법이다. 마지막 관찰은 사회자나 주최자의 개입 없이 진행되는 것이 특징으로 원하는 정보에 좀더 가까운 내용을 얻을 수 있다.

시장조사를 실시하여 얻은 정보는 마케팅이나 광고에 활용하고 소비자가 요구하는 사항들을 선제적으로 제공하는 데 그 의의가 있다.

시장조사를 좀더 구체적으로 분류하면 직접 조사로는 설문조사, 전화, 이메일 등이 있고, 간접 조사는 구글이나 네이버 키워드, 트렌드 검색을 통해 수치화된 데이터를 얻는 것이다. 이를테면 키워드 검색량(시장의 크기)과 키워드 발행량(경쟁자의 크기) 등의 데이터를 통해 시장의 경쟁 상황을 직관적으로 파악할 수 있다. 조사에 응하는 사람들은 본심을 이야기하지 않을 가능성이 높지만 예비 소비자가 실제로 검색한 키워드는 자신의 본심에 따른 행동이므로 실제 니즈나 수요를 파악하는 데 용이하다.

불과 몇 년 전까지만 해도 트렌드를 보고서나 대면 조사 혹은 전화 정도로 파악했지만 최종 보고 기간이 수개월 이상 걸리기도 해 결과가 나오면 트렌드는 이미 끝난 상황이 벌어지기도 했다. 지금은 실시간으로 시장 상황을 파악할 수 있는데, 대표적인 예가 키워드 분석이다. 여기서 발행량이 높다면 경쟁자가 많은 것이고, 낮다면 적은 것이다. 검색량은 시장 수요 내지는 관심도를 나타낸다. 검색량

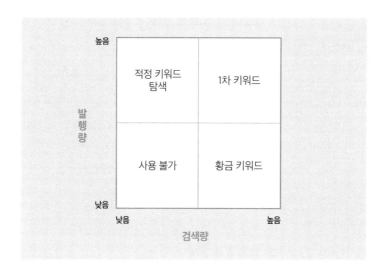

이 높을수록 좋은 키워드다. 예를 들어 '청바지'를 네이버 검색창에 입력한다면 수백만 건의 조회 결과가 나온다. 이 조회 결과에 나온 문서들의 총합이 발행량이다. 아무리 인기 있고 트렌드에 맞는 키워드라도 발행량이 많다면 자신의 온라인 포스팅 문서가 노출되기는 어렵다. 검색량은 높으면서 발행량이 낮은 키워드를 황금 키워드라고 한다. 아직 경쟁자들이 눈치채지 못했거나 상업적 키워드가 아닐 수 있다. 광고 예산이 적거나 마케팅 조직이 아직 미흡하다면 황금 키워드를 활용하는 게 유리하고, 반대의 경우는 1차 키워드를 활용하여 마케팅 활동을 할 수 있다.

한편 검색량이 낮은데, 즉 소비자들이 찾지 않는 키워드인데 발행량만 높다면 다른 적정 키워드를 찾아서 활용할 필요가 있다. 발행량도 낮고 검색량도 낮은 키워드는 사용하지 않는다.

그리고 빅데이터 제공 웹사이트 등을 통해 키워드에 대해 소비자들이 갖는 감성 등 정성적 데이터를 얻을 수도 있다. 여기서 데이터 수집 방법은 비정형 데이터와 정형 데이터를 수집하는 데이터 마이닝 기법이 대표적이다.

고가이지만 산업 보고서를 유료로 구매하여 시장조사를 대신할 수 있다. 그러나 스타트업 기업들에게 이런 시장조사 보고서는 자본금을 웃돌아 접근이 쉽지 않다(5000만 원이 넘는 보고서도 많다). 최근 온라인 서치를 통해서도 훌륭한 데이터를 많이 접할 수 있다. 네이버나 구글을 통한 논문과 관련 전문 잡지, 뉴스레터, SNS 태그를 수집하여 분석하는 것도 효과가 있다.

앞서의 시장조사 유형을 확대하여 1차와 2차로 진행할 수도 있다.

1. 1차 시장조사Primary Market Research

1차 시장조사는 최종 소비자와 접촉하거나 제3자를 고용해 관련 연구를 수행함으로써 데이터를 수집하는 과정이며 정성적 조사와 정량적 조사로 진행할 수 있다.

정성적 시장조사에서 대표적인 것은 포커스 그룹과 1:1 인터뷰를 하는 형식이다. 정량적 시장조사에서 대표적인 것은 설문지, 여론조사 등이다. 정성적 조사와 정량적 조사 모두 과거에는 오프라인으로 진행되었지만 최근에는 온라인 참여도 활발하게 이뤄지고 있다.

2. 2차 시장조사Secondary Market Research

2차 시장조사는 정부 기관, 언론, 협회 등 공신력 있는 기관에서 발행한 정보를 이용하는 것이다. 이 정보들은 주로 신문, 잡지, 책, 회사 공식 웹사이트, 정부 및 비정부 기관 등에 게재된 정보를 포함한 유무료의 자료들이다.

- **공공 출처** 도서관과 같은 공공 출처에서 무료로 양질의 정보를 얻을 수 있다. 특히 정부 기관의 도서관은 일반적으로 무료로 서비스를 제공하고 문서 자료를 다운로드하거나 출력할 수 있게 해둔다.
- **상업적 출처** 믿을 만한 출처로서 상업적인 시장 분석 보고서 중에는 꽤 고가가 많다. 따라서 출처만 밝히면 되는 무료 상업적 출처인 네이버나 구글 검색, 신문, 잡지, 저널, 텔레비전 등의 정보를 수집하여 활용할 수 있다.
- **학교 등 교육 기관** 대부분의 대학과 교육 기관에서 발행하는 논문이나 연구 프로젝트 관련 자료들을 시장조사 자료로 활용할 수 있다.

3. 새로운 시장조사 방법

온라인 키워드를 검색하거나 게시글, 댓글을 수집·분석하여 시장을 조사하는 방법이 있다. 소개된 방식들보다 빠르고 포괄적인 실시간 조사 방법이며 비용이 거의 들지 않는다. 키워드 검색을 예로 들면, 소비자는 직접 네이버나 다음, 구글을 통해 검색한다. 누가 시켜서 하는 것보다는 자신의 필요에 따라 하는 것이다. 소비자는 1년 후, 아니면 두 달 후에 필요한 제품, 서비스, 지식을 검색하기보다는 당장 필요한 것들을 알아보려고 검색한다. 즉 키워드 검색을 통해 소비자가 실시간으로 필요한 것을 알 수 있고, 키워드 검색량을 통해 시장의 크기를 어느 정도 가늠할 수 있게 된다. 역으로 이런 점을 악용하는 사례도 있다. 실시간 검색어 순위(실검)에 어떤 제품이나 회사가 오르면 사람들은 궁금한 마음에 자신도 클릭해서 보게 된다. 일반적으로 연예인이나 유명인의 이름이 실검에 오르면 '혹시 이 사람에게 무슨 일이 있나?'라며 궁금해한다. 즉 실검은 그 자체로 사람들의 관심을 블랙홀처럼 빨아들여 더 빠른 상승을 보인다. 이런 점을 노려 일부 기업이나 업체는 마케팅 대행사 등에 의뢰하여 실검을 여러 방법으로 조작하기도 한다. 혹은 어느 정도 인지도 있는 제품 판매 회사에서 소비자가 거부할 수 없는 엄청난 프로모션(1+2 행사, 반값 행사 등)을 진행하여 실검에 오르기도 한다.

키워드 검색량은 앞서 말한 바와 같이 소비자의 실시간 니즈의 크기, 즉 시장의 크기를 의미한다. 가령 겨울철 손을 따뜻하게 해주는 핫팩 제품의 키워드 검색량이 100만이라면 현시점에서 핫팩을 찾는 소비자가 대략 100만 명이라 보고 시장의 크기를 가늠할 수 있다. 사실 100만에는 한 명의 개인이 여러 번 키워드를 검색하는 등의 중복값도 포함될 수 있다. 소비자는 개인 혹은 단체로 구분할 수 있는데 개인은 필요에 따라 1개에서 5개 정도를 구매하지만 이따금 대량 구매도 있다. 가령 촛불집회 같은 행사에서는 주최측에서 핫팩을 한번에 1000~1만 개 이상 주문하기도 한다. 보험 조직이나 기업 판촉팀에서도 수천 개 이상 주문을 내는 점을 감안할 필요도 있다. 키워드 검색량을 통해 실시간으로 그리고 최소한으로 필요한 시장의 크기를 가늠할 수 있고 여기서 자신은 시장의 몇 퍼센트 점유를 목표로 할지 정해 마케팅 예산과 생산(주문자상표부착생산OEM 포함) 혹은 아웃소싱 비용을 결정하면 된다.

키워드 검색량을 알 수 있는 대표적인 툴은 네이버 '키워드 도구'와 네이버 '데이터 랩' '구글 트렌드' 등이 있다. 네이버 키워드 도구는 '네이버 광고' 사이트에 접속해 '광고-키워드 도구'에서 확인할 수 있고, 네이버 '데이터 랩'과 '구글 트렌드'는 명칭 그대로 네이버 검색창에 입력하면 바로 사이트가 나오며 사용 방법이 직관적이라서 쉽고 게다가 무료다. 최근 들어서는 검색 엔진을 개인이나 업체 등에서 직접 개발하여 무료 웹 서비스로 제공하는 사례도 늘어나고 있다.

파괴적 혁신의 주범은 기술이 아니다: 디커플링과 초개인화

최근까지만 해도 기업들의 사업 목적은 주로 마진이었다. 그러나 파괴적 혁신을 일으키는 기업들은 고객 가치를 최우선 사업 목적으로 두고 있다. 철저히 고객 입장에서 각 고객이 원하는 것을 찾아 제공하는 것이다. 하버드 경영대학원 교수 탈레스 S. 테이셰이라 교수는 자신의 저서 『디커플링Decoupling』에서 파괴적 혁신을 불러오는 주체는 인공지능이나 클라우드 서비스 같은 첨단 기술이 아니라고 강조한다. 시장을 파괴하는 것은 다름 아닌 소비자라는 것이다. 따라서 기존의 비즈니스 모델의 틀을 깨고 오로지 고객 관점에서 시장을 바라봐야 작금의 파괴적 혁신의 해일을 이해할 수 있다고 설명한다.

테이셰이라 교수는 고객이 원하는 것은 무엇인지, 고객이 자신의 욕구를 충족시키기 위해 택하는 수단은 무엇인지 이해하는 것이 첫

째라고 봤다. 여기서 고객이 욕구를 충족하는 단계, 즉 고객가치사슬을 CVCCustomer Value Chain로 정의한다. 기존에 공급자의 관점에서 유통망(VCAValue Chain Analisys)을 바라봤던 관점과는 다른 방향이다.

고객가치사슬 CVC

테이셰이라 교수는 고객가치사슬을 "고객이 욕구와 충동을 충족시키기 위해 행하는 일련의 행동"이라고 정의했다. 디커플러들은 기존 비즈니스 모델에서 고객가치사슬의 각 단계를 끊고 들어가 고객이 원하는 가치를 제공한다.

모든 고객은 기업을 상대하는 과정에서 가치 창출, 가치에 대한 대가 부과, 가치 잠식의 세 가지 활동에 참여하게 된다.

활동 유형	가치 창출	가치에 대한 대가 부과	가치 잠식
정의	고객을 위해 가치를 창출하는 활동	창출된 가치에 대가를 부과하기 위해 추가하는 활동	가치를 창출하지도, 창출된 가치에 대가를 부과하지도 않는 활동
사례	좋아하는 노래 듣기	광고 듣기	싫어하는 노래 듣기

위 사례는 우리가 듣는 라디오 방송의 예를 가져온 것이다. FM

93.1Mhz(지역마다 주파수가 다를 수 있다) 채널은 거의 하루 종일 클래식 음악만 틀어준다. 클래식을 좋아하는 사람이라면 이 채널에서 자신이 선호하는 클래식을 들을 수 있지만(가치 창출), 중간중간 나오는 광고도 들어야 한다(가치에 대한 대가 부과). 그리고 가끔은 클래식 외에 자신이 선호하지 않는 대중가요가 나오기도 한다(가치 잠식). 이때는 채널을 잠시 돌렸다가 다시 돌아오는 선택을 할 수도 있다.

이런 전통적 방식의 비즈니스 모델을 깬 판도라 라디오Pandora Radio는(2000년 설립) 사용자가 선호하는 음악의 정보와 알고리즘을 활용하여 '그 사람이' 좋아하는 음악을 선별하여 제공하고 싫어하는 음악이 나오는 빈도는 최소화했다. 또 유료 고객에게는 광고를 내보내지 않았다. 즉, 고객에게 혜택을 주는 가치 창출 활동에 집중하고 가치를 잠식하는 활동은 줄이거나 없앤 것이다. 판도라 라디오는 곧 망할 거라던 주변의 평가와는 달리 2016년 한 해 동안 13억 8000만 달러 이상을 벌어들이는 기업으로 성장했다. 판도라 라디오는 개인 서비스를 넘어 각각의 개인에게 가치를 제공하는 초개인화 서비스를 제공한 대표적 사례 중 하나다.

기존 고가 맞춤 양복이나 은행 VIP 전용 창구와 같은 개인 서비스는 일부 부유한 사람들이 주로 제공받는 프리미엄 서비스였지만, 이미 이를 뛰어넘어 각 개인이 선호하는 가치를 제공하는 초개인화 서비스 형태로 진화하고 있다. 일부 기업은 여러 경험을 통해 소비자를 이해하기 시작했고 넷플릭스와 같은 영상 콘텐츠 기업들은 각 소비자 개인이 선호하는 패턴의 영상을 추천하고 있다. 초개인화 서비스를 제공받는 개인들은 더 높은 기대를 갖게 됐고 기존의 개인화 서비스는 점차 설자리를 잃어가고 있다. 이제 고객 시장을 연령이나 지역, 제품으로 세분화하는 전략도 중요하지만 각 개인의 행동 특성과 페르소나에 맞는 초개인화 전략을 연구해야 한다.

디커플링의 또 다른 사례를 들면 트위치Twich는 게이머가 게임을 하는 모습을 실시간 생중계하는 트위치TV를 보유한 기업이다. 사람들은 트위치를 통해 게임을 하는 것이 아니라 다른 사람의 게임을 하루 평균 95분간 시청한다. 일부 소비자는 게임을 직접 플레이하는 것을 원하고(가치 창출), 또 다른 일부 소비자는 게이머가 플레이하는 장면을 간접 시청하는 것을 바랄 수 있다(가치 창출). 트위치는 이런 소비자 니즈를 파악하고 고객가치사슬을 끊고 들어가서 2018년 기준 1억4000만 명에게 가치를 제공하고 있다.

시장 가치 100억 달러에 이르는 스팀Steam은 넷플릭스처럼 집에서 비디오게임을 스트리밍하는 서비스를 제공한다. 2017년 기준 2억 명이 넘는 유저를 보유하고 있으며 연 매출 10억 달러를 올리고 있다. 스팀이 제공한 고객 가치 덕분에 유저는 게임을 사러 더 이상 상점에 갈 필요가 없어졌다. 즉 스팀은 가치 잠식 활동은 제거하고(상점에 가기), 가치 창출 활동(게임하기)에만 집중한 것이다.

아래는 공급자의 관점(좌측변)과 고객 관점(우측변)에서 오늘날의 현상을 2×2 매트릭스 설명형으로 표현한 그림이다.

• **공급자 입장** 그동안 기업들의 사업 목적은 '마진'이었으며, 이를 실현할 수단으로 '수직계열화Vertical integration' 전략을 활용했다. 수직계열화는 회사가 가치나 유통망을 제어하기 위해 공급자, 유통업자 또는 소매업소를 소유하거나 통제하

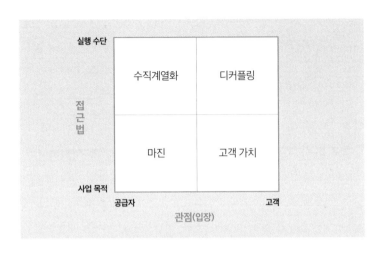

는 전략이다. 넷플릭스는 자체 콘텐츠 없이 DVD 대여 사업으로 시작했으나, 추후 자신들이 직접 오리지널 콘텐츠를 제작·공급하여 막대한 수익을 올린 대표적 수직계열화 사례로 꼽힌다.

• **고객 입장** 파괴적 혁신 기업들은 '고객 가치'를 최우선 사업 목적으로 두며 이를 '디커플링'을 통해 실현한다. 디커플링은 '끊어내다'라는 의미를 내포하고 있으며, 이 디커플링의 개념을 고객가치사슬상의 약한 연결 고리를 끊어내 고객 초점의 새로운 비즈니스 모델을 만들어내는 파괴적 혁신 현상을 설명하는 데 사용된다. 이미 고객이 원하는 가치를 꿰뚫고 자신들만의 비즈니스 모델로 만들어 제공하는 기업이 기존 시장과 비즈니스 모델을 파괴하며 새로운 질서를 만들어가고 있다.

당신의 주요
고객은 누구인가:
STP

STP 전략은 자원은 한정적이지만 효과적, 성공적으로 시장을 개척할 때 쓰는 마케팅 도구다. 특정 시장의 특정 고객층의 니즈나 선호가 확실할수록 효과가 크다.

STP 전략은 필립 코틀러Philip Kotler(1931~)가 제시한 모델이다.

1. 분할Segmentation

시장을 세분화하는 것이 첫 번째 단계다. 시장은 광범위하기 때문에 엄청난 자본과 인력을 보유하고 있지 않은 한 시장을 잘게 나눈다. 예비 소비자의 성별, 연령, 소득 수준, 지역, 소비 성향, 관심사, 가치관 등 다양한 기준을 통해 쪼갤 수 있다.

2. 시장 선정 Targeting

잘게 쪼갠 시장 중에서 자신이 들어갈 곳을 선정한다. 이때 두 가지 주의 사항이 있다. 매력 있는 시장인지, 그리고 전략적 목적에 부합하는지다. 매력도는 해당 시장 영역의 규모, 수익성, 성장성, 위험 요소를 종합적으로 고려했을 때 판단하는 것이고, 전략적 목적은 자신이 해당 시장에 진출하는 것이 원래 목적과 일치하는지 그리고 비용(시간, 노력, 인력, 돈)을 조달할 수 있는지가 주요 관심사다.

3. 포지셔닝 Positioning

STP 전략의 마지막 단계인 포지셔닝이다. 소비자들의 머릿속에 각인된 표현들이 있다. 대표적으로 '두통 하면 게보린'이 떠오른다. 머리가 아플 때 소비자들은 대개 게보린 아니면 타이레놀 정도를 떠올린다. BMW는 젊고 스포티함, 벤츠는 안락함과 중후함, 볼보는 안전성으로 고객의 머릿속에 자리잡고 있다. 이게 포지셔닝의 의미이며 고객들의 머릿속에 어떤 이미지로 자리 잡느냐가 관건이다.

지금까지 설명한 STP 전략을 신규 사업자로 외식 산업에 진출할 때의 사례로 표현하면 다음과 같다.

• 1단계 분할 큰 네모는 전체 시장을 의미한다. 시장을 잘게 쪼갠다는 의미를 설명하기 위해 임의로 시장을 36개로 나눈 그림이다. 실제로는 더 잘게 쪼개야 할 때도 있고 반대로 해당 산업 내에 경쟁 업체가 별로 없어서 적게 쪼갤 수도 있다. 샴푸 시장을 예로 들면, 시장을 나누는 기준은 용량, 재료, 미용실 전용 제품, 향기, 두피, 탈모, 트리트먼트, 비듬 등 다양하다. 즉, 향기에 따라 시장을 나

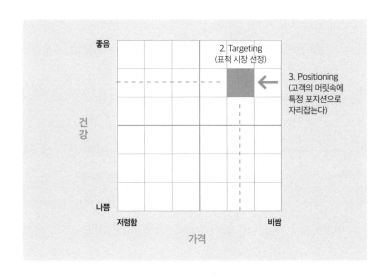

눌 수 있고, 탈모나 비듬 방지, 손상 케어 등 기능에 따라 나눌 수 있으며, 유기농이나 천연 물질 혹은 수제 샴푸로 나눌 수 있고, 다단계 등 특정 목적이나 유통으로 시장을 나누거나 샴푸와 린스를 합친 올인원 상품으로 시장을 나눌 수도 있다. 작은 규모의 기업이 모든 샴푸 시장에 제품을 출시하기에는 제품 기획력이나 생산 제조 능력, 마케팅 비용 면에서 기존 강자들을 상대로 경쟁하기가 버겁다. 따라서 초기에는 시장조사를 통해 소비자의 니즈와 시장의 틈새가 만나는 지점을 정확히 파악하는 세분화 전략이 시장에 안착하는 데 유리하다.

- **2단계 타기팅** 잘게 쪼갠 시장 36개 중 1개를 선택하여 해당 시장의 소비자를 집중 공략한다. 자원(시간, 노력, 비용, 인력 등)은 한정적이기 때문이다.

- **3단계 시장 선정** 위 시장을 외식 시장으로 가정했을 때 해산물 요리로 소비자들의 마음속에 자리잡으려 한다. 해산물은 가격이 다소 비싸지만 건강에 좋다는 인식이 있다. 해산물에 비해 상대적으로 가격이 저렴한 삼겹살이나 피자도

있지만 해산물을 선택한 이유는, 삼겹살과 피자는 맛있을지언정 건강에는 나쁜 음식이라는 소비자 인식이 있기 때문이다(이것은 예시로서의 설명일 뿐 종류에 따라 건강에 좋은 제품도 존재한다). 이런 맥락에서 한 끼 식사를 중요시하는 현대인들의 취향에 맞게 해산물을 선정했다.

위 2×2 매트릭스와 같은 예시는 얼마든지 만들어낼 수 있다. 어떤 선택이 좋은 결과를 가져올지는 누구도 예측할 수 없다. 그러나 아무런 전략 없이 새로운 시장을 공략하는 것은 현명한 접근 방법이 아니다. 우리가 쓸 수 있는 자원은 한정적이며 비즈니스적 결정은 때로 돌이킬 수 없기 때문이다.

위의 그림은 STP 전략을 2×2 매트릭스로 설명한 사례다. 이런 전략을 수립할 때 단순히 전략만 브레인스토밍하여 적는 데서 그치면 피상적인 계획이 될 우려가 있다는 점에 주의해야 한다. 따라서 주변의 다양한 사례를 찾아보고 직접 답사하며 평가하는 와중에 전략을 좀더 실용적이고 풍부하게 가꿀 수 있다. 또한 비슷한 시장을 미리 개척한 경험자나 전문가를 접촉하여(이메일, 전화, 인터뷰 등) 의견을 구하는 것도 전략을 고도화시키는 방법 중 하나다. 이렇게 전략을 현실성 있게 조정해나가면 피상적이었던 전략에서 주요 실행 과제를 더하게 되어 구체적이고 현실적인 전략이 된다. 현실성은 전략의 생명이다. 실행 불가능한 계획은 쓸모없다.

한편 파일철이나 생수, 연습용 노트, 줄자 등 소비자의 기호나 취향의 폭이 크지 않은 제품(혹은 서비스)은 STP 전략보다는 매스마케팅 전략이 유용하다.

5

제품과 서비스는 어떻게 팔 것인가: 4P

마케팅 믹스 4P 전략은 앞서의 STP 과정을 거쳐서 좀더 명쾌하게 제품, 유통, 판촉, 가격의 네 가지 전략 요소를 조합한 것이며, 타깃 시장 내에서 회사의 시장 지배력, 즉 시장 점유율Market Share 을 극대화하는 데 주요 요소다.

1. 제품 전략Product

4p 중 제품은 기업의 브랜드와 이미지를 결정짓는 근본적인 요소다. 햄버거 하면 맥도널드, 테마파크 하면 디즈니랜드가 떠오르는 것은 제품 전략이 소비자에게 잘 스며들었다는 증거가 된다. 제품 군을 다양화하면 시장 수요를 충족시키고 수익의 향상에도 기여한다. 또한 다양한 제품의 조합은 하나 이상의 시장으로 진출할 수 있다는 점에서 리스크 분산 효과도 지닌다. 중장기적으로 사업 안정

성을 향상시키기 위해 고객 니즈의 변화나 시장 트렌드에 맞게 기존 제품의 혁신, 새로운 제품 개발 전략을 활용할 수 있다. 다른 기업이나 사업을 전략적으로 인수하여 제품군을 다변화할 수도 있다. 미디어와 엔터테인먼트 산업에만 몰두하던 디즈니는 공원, 리조트, 유통 산업에까지 진출했다.

2. 유통 전략 Place

제품이 제공되는 장소 혹은 고객과의 접점이 있는 곳이라면 모두 유통 채널이 될 수 있다. 식음료나 잡지 등 유형의 상품을 유통하기 위해서는 운송, 보관, 매장 등이 필요할 수 있다. 특히 맥도널드 같은 음식 브랜드는 매장이 가장 큰 유통 장소가 된다. 또한 매장을 쉽고 빠르게 찾아주는 모바일 앱이나 웹사이트도 유통 전략에서 주로 활용하는 채널이다. 엔터테인먼트 기업도 마찬가지로 매장(영화관)이나 공식 웹사이트, 모바일 앱 등이 주요 유통 채널이다.

3. 판촉 전략 Promotion

프로모션 전략은 기업이 타깃 고객과 소통하기 위해 사용하는 전술을 의미한다. 제품에 따라 다양한 전략을 고려할 수 있다. 기본적으로 광고, 직접 판매, PR, 판매 촉진, 다이렉트 마케팅, 홍보, 후원 등이 활용된다. 큰 기업들은 가장 비용이 많이 들지만 대체로 가장 빨리 도달하고 빠르게 퍼지는 전통적인 TV 광고를 주로 활용한다. 사회적 책임 전략을 통한 자선단체 지원, 지역사회에 대한 후원 전략으로 자신의 회사나 브랜드, 제품을 홍보하기도 한다. 기본적으로 자신들이 보유하거나 이용하는 모든 유통 채널은 프로모션 전략 채널로 활용 가능하다. 최근 전 세계적으로 디지털 트랜스포메이션이 가속화되면서 TV보다 SNS 광고 시장이 더 커지고 있다. 이제 디지털 광고비가 전통 매체를 통한 광고비를 추월한다는 예측이 나오고 있다.

4. 가격 전략Price

가격 전략을 활용하여 판매량과 마진(이익)의 극대화를 노리는 영역이다. 주로 원가기반, 경쟁기반, 고객가치기반의 가격전략 수립방법이 있다. 마케팅 믹스에서 가격 전략은 해당 시장과 산업 상황에 따라 다르게 활용된다. 예를 들어 산업의 성장이나 포화, 경쟁자 등 외부 위협, 새로운 기회 등이 가격 책정의 바탕이 된다. 맥도널드는 번들 가격 전략과 심리 가격 전략을 주로 활용한다. 번들 가격 전략

마케팅 4P 믹스 전략

가격 전략 Price	제품 전략 Product
유통 전략 Place	프로모션 전략 Promotion

은 제품의 개별 구매보다 세트 구매 시 가격 혜택을 주는 것을 말한다. 표시 가격을 1달러나 10달러가 아닌 0.99달러나 9.99달러로 하는 것이 대표적인 심리 가격 정책이다. 이외에도 고객이 다양한 선택 상황에서 매력을 느끼는 가격을 조사하여 책정하는 시장 지향 가격 전략을 활용할 수 있다. 고객은 자신이 구매한 제품에서 자신이 지불한 가격보다 더 높은 가치와 효용을 얻기를 바란다. 7000원짜리 햄버거를 사더라도 맛과 양에서 1만 원 이상의 햄버거를 바라는 것이다. 이런 고객 심리를 잘 활용한다면 회사의 취약한 재무 상황에서 이윤을 극대화할 실마리를 발견할 수 있다.

6

최적 마케팅 채널
선정 방법은?:
인플루언서 마케팅

마케팅 전략을 실행하기 전의 목표는 매출 50퍼센트 증가였는데 매출 30퍼센트 증가에 그쳤거나 혹은 매출이 70퍼센트 증가했다면 처음의 계획과 비교했을 때 -20퍼센트 혹은 +20퍼센트의 간극이 생긴 것이다. 평가에서 중요한 것은 목표의 달성 여부보다는 왜 -20퍼센트나 +20퍼센트가 되었는지 그 원인을 분석하는 것이다. 시장에 다양한 시도와 실험, 연구를 실행할수록 그리고 여기서 나온 결과와 초기 목표와의 간극에 대한 분석을 많이 할수록 투입 비용 대비 산출되는 매출이나 이익을 극대화할 가능성이 높아진다. 여러 결과값을 분석한 경험에서 얻을 수 있는 귀중한 자산이다.

자신이 당초 목표로 했던 변수에 맞게 평가를 진행하면 되는데, 일반적으로는 다섯 가지 요소를 사용하여 결과를 평가하곤 한다.

첫째, 매출량Quantity의 증감을 통해

둘째, 매출액Sales Revenue의 증감을 통해

셋째, 시장 점유율Market Share의 증감을 통해

넷째, 브랜드 인지도Brand Awareness의 증감을 통해

다섯째, 마케팅 기여 마진Marketing Contribution Margin의 금액을 통해

마지막 브랜드 인지도도 얼마든지 표본조사를 통해 결과를 평가할 수 있다. 예를 들어 마케팅 전략의 실행 전 A표본 집단에서 100명을 대상으로 자사 브랜드를 아는지 묻는 조사를 할 수 있다. 이 결과에서 10명이 자사 브랜드를 안다고 대답했다면, 마케팅 활동을 마치고 같은 A표본 집단에 다시 브랜드 인지도 조사를 하면 된다. 여기서 자사 브랜드를 아는 사람이 30명 나왔다면 처음보다 20명이 늘어난 것이다.

더욱이 최근에는 온라인 마케팅이 일반적이며 이들 매체를 통한 다양한 홍보활동의 결과 분석 및 마케팅 효과에 대한 평가를 하고 향후 좀더 효율적인 마케팅 전략을 수립하는 데 반영할 수 있다.

1. 온라인 카페

대형 검색 포털인 네이버나 다음에서 제공하는 커뮤니티 기능으로 구글이나 페이스북 같은 자세한 트래킹Tracking(추적) 정보는 제공하지 않는 단점이 있으나(직전 사이트가 무엇인지 등) 높은 활동성을 보이는 진성 회원들의 커뮤니티로서 국내에서는 거의 유일하기에 마케팅적 활용도가 높은 채널이다. 다른 모든 광고의 개입을 차

단하고 카페에 올린 콘텐츠의 조회 수(클릭 수)와 비용의 관계에서 구매 전환율을 산정하는 것은 가능하다(구매 수/총 조회 수×100). 투입한 마케팅 비용 대비 구매 전환율을 파악할 수 있고 결과에 대한 분석도 어느 정도는 가능하다.

2. 온라인 블로그

마찬가지로 대형 검색 포털에서 주로 제공하는 온라인 포스팅 플랫폼이다. 역시 자세한 트래킹 정보는 제공하지 않지만 포스팅한 글의 조회 수와 좋아요 수, 공유 수 등으로 독자의 반응을 읽을 수 있으며 온라인 카페와 마찬가지 방식으로 구매 전환율 산정이 가능하다.

3. 페이스북, 구글, 유튜브

투입된 마케팅 비용 대비 구매 전환율에 대한 정확한 트래킹 정보가 제공된다. 특히 구글은 구글 애널리틱스Google Anaytics라는 강력한 무료 기능을 제공하여 유저가 자사 사이트에 진입하기 전에 어떤 사이트에서 유입됐는지, 체류 시간은 얼마인지, 콘텐츠의 어느 부분까지 들여다봤는지 등의 내용 파악까지 가능하다. 유튜브도 구글에서 제공하는 서비스다. 마케팅 비용 투입 대비 가장 정확한 평가가 가능한 채널들이다. 참고로 페이스북이나 유튜브의 클릭당 비용은 주제나 상업성 등에 따라 다른데 일반적으로는 400원 ~700원 안팎이다. 자신이 판매하는 제품의 마진보다 높다면 광고를 시도해볼 만한데 단 주의 사항이 있다. 바로 클릭당 구매 비율(전환율)을 아는 것이다. 클릭당 500원으로 잡고 100클릭이면 광고 비용으로 지출되는 금액은 5만 원이다. 처음에는 10만 원 정도의 예산으로 자신의 제품이나 서비스를 홍보할 수 있다. 여기서 나오는 구매 전환율을 경험적으로 아는 게 광고를 집행하는 데 따른 비용과 매출을 예상하게 한다. 예를 들어 20클릭당 제품 1개가 팔렸다면, 통계상 100클릭일 때는 5개가 팔린다고 예측할 수 있다. 1클릭당 500원이었고 20클릭이면 1만 원이다. 즉, 광고로 제품 1개 판매하는 데 1만 원이 발생되므로 자신이 판매하는 제품이나 서비스의 마진은 최소 1만 원이 넘어야 하며 제품의 브랜드 인지도를 높이는 목적보다는 사업의 수익과 지속성을 노린다면 마진은 이보다 더 높아야 할 것이다.

4. 음식점 전단지 배포

가져오면 1000원 할인해주거나 음료, 주류 등의 서비스를 제공하는 쿠폰을 끼워넣은 전단지 배포는 흔히 볼 수 있는 광경이다. 여기서도 마케팅 비용 대비 평가가 가능하다. 예를 들어 전단지 1000장 제작 비용에 10만 원, 전단지 서비스 쿠폰 비용 장당 1000원, 장당 아르바이트 배포 비용을 50원으로 계산하면 5만 원, 실제 전단지를 가져와서 할인해준 금액이 10만 원(1000원짜리 무료 쿠폰 전단지를 100명이 가져왔을 경우)이라면 마케팅 비용은 10만 원(제작 비용)＋5만 원(알바 배포 비용)＋10만 원(전단지 들고 온 손님에게 할인해준 총 비용)으로 계산해 25만 원이다. 여기에 실제 발생한 매출이 100만 원이라면, (25/100)×100=25퍼센트의 매출 증가를 일으켰다고 계산할 수 있다.

5. 현수막, 애드벌룬

현수막이나 분양 광고로 주로 쓰이는 애드벌룬은 고전적 방식이고 유입량과 구매 전환율과의 관계를 파악하는 것은 불가능하다. 확실한 구매 니즈와 수요를 가진 고객 대상으로만 유용한 방식이다.

추적 난이도

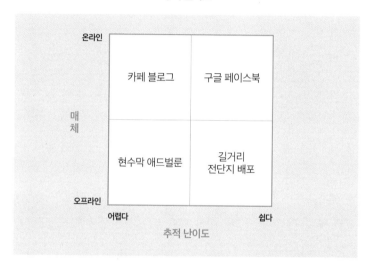

온라인 채널을 용도와 비용으로 구분하여 설명할 수도 있다. 확산이 용이한 채널은 페이스북, 유튜브, 인플루언서 마케팅이다. 검색이 주된 용도인 채널은 블로그와 카페다. 자사의 제품이나 서비스가 분야에서 좋은 콘텐츠로 상당수의 구독자나 친구를 보유한 인플루언서에게 연결되면 인지도가 폭발적으로 올라가고 완판을 기록한 사례가 많다. 블로그나 카페는 자신의 이웃이거나 카페 회원이 아니라

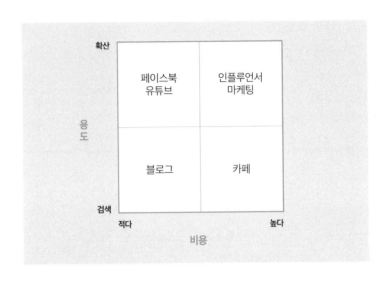

면 검색하지 않고서는 해당 채널의 콘텐츠를 마주칠 일이 없다. 따라서 블로그나 카페 같은 검색 기반 채널들에 포스팅할 때는 충분한 시장조사를 통해 소비자들이 찾는 키워드이면서 경쟁은 상대적으로 낮아 검색 노출 가능성이 높은 키워드를 선정해 포스팅하는 전략이 핵심이다.

사업 파트너와 투자자를 설득하는 비즈니스 모델 작성하기:
캔버스 9블록

당신만의 비즈니스 모델이 있는가? 적절한 비즈니스 모델은 두 가지 기본 사항으로 만들어진다. 제품과 서비스, 그리고 그 가치를 제공할(판매할) 시장이다. 과거에는 기업이 시장을 지배했지만 오늘날에는 고객이 시장의 주인이다. 다양한 공급자들의 출현으로 소비자들은 공급 과잉에 따른 선택 대안이 많기 때문이다. 예비 구매자에게 선택받아야 하는 상황에서 고객 지향적 비즈니스 모델이 아니라면 전략이 없거나 수익성이 전혀 없는 사업 계획을 갖고 있는 것이나 다름없다.

　고객의 구매 의욕을 높이는 방법은 판매가보다 높은 만족도를 제공하는 것이다. 여기서 말하는 판매가는 제조사나 공급자가 매긴 가격이 아니라 '고객이 인지한 가격'이며, 만족도 역시 '고객이 인지한 만족도'다. 따라서 비즈니스 모델의 창출은 생산자 입장이 아닌,

소비자 입장에서 유용하다고 느끼는 가격과 가치를 제공한다는 아이디어에서 출발해야 한다.

알렉산더 오스월드가 2010년에 소개한 비즈니스 모델 캔버스 BMCBusiness Model Canvas를 활용하면 당신이 가진 혹은 시장에 실현하고자 하는 비즈니스 모델에 대한 명확한 정의와 전반적 요소에 대해 쉽게 이해할 수 있다. BMC를 작성하면 피상적인 단계에 있던 아이디어를 실행단으로 옮길 수 있다. BMC는 추상적인 비즈니스 모델이라는 아이디어를 9개의 핵심 요소로 정리해주는 캔버스 9블록9 Block Canvas이라고도 불린다.

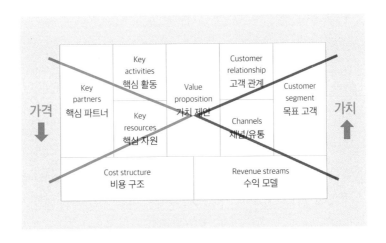

BMC를 한마디로 표현하면, 당신의 파트너와 당신이 가진 자원으로 적절한 비용을 들여서 가치를 창출하며, 이 가치를 고객에게 전달하고 고객이 혜택을 보게 되면 수익이 발생한다는 것이다. BMC

를 크게 절반으로 잘라 좌측은 비용 발생을 줄이고 우측은 고객이 받아들이는 가치는 극대화하는 것이 핵심이다. 고객 지향적 행동의 시발점은 고객과의 관계다.

창출한 가치를 고객에게 잘 전달하고 여기서 수익이 발생하는 구조를 이해하면 현 사업의 유지 또는 성장을 이루는 비즈니스 모델을 설계할 수 있다.

고객에게 가치 제안value proposition을 어떻게 구현할 것인지, 비용은 얼마나 투입되고 이를 통해 고객 만족과 수익은 어느 정도 창출되는지가 관건이다. 최근에는 여기에 사회적 비용과 사회적 혜택 두 가지 요소를 추가하기도 한다.

7

당신의 목표 산업 내 경쟁 요소를 잘 파악하고 있는가: 5 포스 모델

당신은 목표 산업 내 경쟁 요소를 잘 파악하고 있는가?

산업의 구조를 이해하는 데서 경쟁 요소를 정의할 수 있다. 마이클 포터 교수의 산업 구조 분석 5 포스 모델5-Forces Model을 활용하면 산업에 존재하는 다섯 가지 영향력(혹은 위협)을 파악할 수 있다.

다섯 가지는 신규 진입자의 위협, 대체재의 위협, 구매자의 교섭력, 공급자의 교섭력, 산업 내 경쟁 정도다. 산업 내 구매자나 공급자의 교섭력이 커질수록 당신의 비즈니스 모델을 실현하는 데 제약이 커진다.

다음 그림의 네 가지 요소는 기존 업계 안에서 타사와 경쟁하고 있는 자사에 영향을 미치는 대표적인 위협 요인들을 표현한 프레임워크Framework다. 이번 장에서는 업계 안에서 직접적인 경쟁 요소인 산업 내 경쟁 정도Rivalry를 제외한 사업과 상호 관련된 네 가지 요

업계 분석 프레임워크

신규 진입자	대체재
공급자	구매자

소에 대해 설명하고자 한다.

구매자가 가격을 더 인하해달라고 요청하는 상황에서 공급자는 이 금액으로는 계약이 어렵다고 한다면 협상의 여지는 급격히 줄어든 상태다. 가격을 낮춰서 요구에 응할 수는 있겠지만 이 경우 이익이 낮아진다.

산업 내 기존 경쟁자가 강할수록 그리고 많을수록 이익은 줄어든다. 마케팅과 가격 경쟁으로 서로 많은 비용이 발생하는 시장이 되기 때문에 그럴 수밖에 없다.

한편 산업의 진입 장벽이 낮을수록 신규 진입자는 늘어난다. 진입 장벽이 낮은 시장은 필연적으로 가격 경쟁으로 치닫는다. 이런 시장에서는 단 한 명(기업)에게 해당 산업에서 발생되는 수익의 대부분이 집중되기 마련이라 규모의 경제를 실현할 수 있는 대기업에게 유리하다. 가격 경쟁은 특정 시장 내에서도 발생할 수 있다. 이때도 규모가 큰 개인(기업)이 대량 구매, 대량 판매로 인한 원가 절감으로 가격 경쟁에서 유리하다. 이런 시장에서 원가 절감이 어렵거나 차별화 전략이 없는 개인과 기존 업체들은 살아남기 어렵다.

가치사슬상의 원가 절감과 차별화는 훌륭한 경쟁 우위 전략이지만 동시에 추구하기는 어렵다. 한쪽을 선택해서 경쟁 우위를 점하는 게 보편적이며, 이 둘 중 하나를 택해서 강화하거나 방어하는 두 가지 방식을 취해야 한다. 이 둘을 동시에 추구하려 한다면 모호한 포지셔닝으로 고객들에게 매력을 발산할 수 없다. 시장의 다섯 가지 위협에서 협상의 여지와 자유도를 높이려면 시장에서 받아들여지는 품질 기준은 맞추면서 원가를 낮춰 다른 경쟁자를 따돌리거나(방어) 남들이 당분간 모방할 수 없는 차별화 전략을(강점 강화) 구사해야 한다. 거래 단절을 우려해 가격 인하 요구에 응하는 것 외에 다른 전략이 없다면 위협에 무방비로 노출된 상태나 다름없다.

따라서 단기적 생존과 중장기적 성장을 위해서는 먼저 당신 기업의 관심 영역과 기존 산업의 경계를 명확히 정의해야 한다. 그리고 해당 산업에 존재하는 다섯 가지 핵심 요소를 모두 분석한 뒤 어떤 요소를 강화하고 어떤 요소를 방어할지 결정하는 것이 순서다.

정재석 교수 연구팀의 「CJ제일제당의 창조형 사업 다각화 전략」 연구에서 실제로 작성한 CJ제일제당의 5 포스 모델을 실증적 예로 살펴보겠다.

5 포스 모델로 분석한 사료용 아미노산 시장

구분	분석 요소	평가	현재 위협	미래 위협
신규 진입자의 위협 Potential Entrants	제품 차별성	기업마다 제품에서 차별성은 없음	중	중
	원가 우위	안정적 원가 우위의 지속 가능	하	하
	규모의 경제	공장 생산량에 의한 규모의 경제 존재	하	중
	유통 경로에의 접근	초기 시장 진입 시 유통망 확보 어려움	하	중
	종합 평가		하	중
산업 내의 경쟁 강도 Industry Competitiors	산업 성장률	시장은 지속적으로 성장하고 있음	중	중
	고정 비용	변동비 대 고정 비용 비율이 높음	상	상
	철수, 전환 비용	철수 및 전환에 따른 비용이 높음	상	상
	모방 가능성	제품에 대한 모방 가능성은 높음	상	상
	종합 평가		상	상
공급자 협상력 Supplier	공급 제품의 중요도	원료는 사료용 아미노산 제품의 생산에 가장 중요함	상	상
	대체 원료의 존재	사용하는 원료는 한정적임, 기술 발전으로 대체 원료가 늘어남	상	중
	공급자의 전방 통합 능력	전방 통합의 가능성 낮음	하	중
	원재료의 차별화	원료상의 차별점은 없음	하	하
	종합 평가		중	중상
구매자 협상력 Buyer	구매 제품의 차별화	구매자가 최종 구매하는 사료용 아미노산 제품은 차별화되지 않음	중	중
	구매자의 가격 민감도	가격 민감도는 높은 편	중	상
	구매자의 후방 통합 능력	후방 통합 능력은 상대적으로 낮음	하	하
	종합 평가		중	중

대체재의 위협 Substitutes	대체재의 가격 및 효능	기존 사료는 아미노산 사료에 비해 효율이 떨어짐	하	중
	교체 비용	교체 비용은 높은 편	하	하
		종합 평가	하	중

앞서 말한 것처럼 마이클 포터가 고안한 5 포스 모델은 시장 내 여러 요인을 분석해 특정 산업의 수익성 및 매력도를 평가하는 분석 방법이다. 이 모형은 특정 산업의 수익성 및 매력도가 진입자의 위협, 산업 내의 경쟁 강도, 공급자의 협상력, 구매자의 협상력, 그리고 대체재의 위협이라는 다섯 가지 요인에 의해 결정됨을 나타내고 있다. 우리는 5 포스 모델을 확장해 관련 변수의 역사적 변화 과정과 미래 전망을 분석할 수 있다.

그러면 우리 저자들이 직접 컨설팅한 CJ 제일제당의 산업 내 경쟁 상황을 5 포스 모델로 함께 살펴보자.

1. 신규 진입자의 위협

위 표를 통해 각 기업이 가지고 있는 사료용 아미노산 제품의 차별성은 높지 않다는 점을 알 수 있다(위협도-중). 기업들이 크게 다르지 않은 제품을 생산하고 있기 때문에 기업의 경쟁력은 제품 품질에서의 차별화 정도보다는 연구 개발R&D 투자를 통한 원가 리더십에 달려 있다. 이러한 요인으로 기업들은 연구 개발 역량이 기업 경쟁력의 핵심 요소임을 알아차려 생산성을 높이기 위한 연구 개발에 지속적인 투자를 하고 있다. 기존 기업들은 꾸준한 연구 개발 투자를 통해 원가 경쟁력을 높여왔으며, 이는 신규 기업의 진입을 막는 높은 진입 장벽으로 작용한다. 또한 새로운 기업은 기존 기업들이 누리고 있는 규모의 경제에 의한 원가 경쟁력을 극복해야 한다. 사료용 아미노산의 생산 단위가 늘어남에 따라 고정비가 감소하는 구조로 기존 기업들은 규모의 경제를 이미 갖추고 있다. 그렇더라도 규모의 경제에 의한 진입 장벽은 자본력을 갖춘 기업이 낮은 가격을 앞세워 시장에 진출한다면 상대적으로 낮아질 수 있다.

생산 후 사료용 아미노산의 유통은 주로 유통업자들을 통해 이루어진다. 초기 시장 진입 때 기업은 유통 경로를 확보하는 데 어려움을 겪을 수 있지만 이는 기업이 전방 통합을 시도하면 점차 극복될 수 있다. 전체적으로 신규 진입의 위협이 현재에는 낮으나, 미래에는 다소 증가할 것으로 예상된다.

2. 산업 내 경쟁 강도

사료용 아미노산 시장은 매년 10퍼센트의 성장률을 보이고 있다. 이에 따라 기업들의 매출도 성장해왔으며, 이런 점은 산업 내의 경쟁을 완화시키는 요인이 된다. 그러나 사료용 아미노산 산업은 생산량이 늘어날수록 원가가 절감되는 규모의 경제가 구현 가능하다. 이러한 변동비 대비 고정비가 높은 비용 구조는 시장 점유율 확대를 위한 경쟁을 촉진시킨다. 또한 사료용 아미노산 생산을 위해서는 특수한 생산 설비가 갖춰져야 하는데, 기업들은 원자재 공급 비용이 상대적으로 저렴한 지역에 생산 설비를 건설해왔다. 이는 타산업으로의 전환 비용 및 시장에서의 철수 비용 모두를 증가시켜 산업 내 경쟁과 높은 모방 가능성 또한 심화시킨다. 사료용 아미노산 시장의 경쟁력은 차별화된 제품이 아닌 원가 경쟁력에서 비롯된다. 이는 시장으로의 새로운 진입을 막는 장벽이 되는 한편, 낮은 제품 차별화로 인해 시장 내 경쟁을 심화시키는 요인이 된다.

3. 공급자 협상력

사료용 아미노산의 가장 중요한 생산 요소는 원재료인 원당과 전분당이다. 기업이 옥수수나 사탕수수에서 직접 추출하기도 하지만 대부분 당밀을 공급받아 생산 공정에 이용한다. 이런 원재료의 중요성은 사료용 아미노산을 생산하는 기업에 대한 공급자의 협상력을 높이는 요인이 된다. 게다가 현재는 사료용 아미노산에 쓰이는 원료가 원당 및 전분당으로 한정적이다. 이에 기업들은 연구 개발을 통해 수율 향상 노력을 하는 동시에 좀더 효율적인 원료를 개발하려 하고 있다. 또한 공급자의 전방 통합 가능성을 살펴보면 그 가능성이 높지 않지만 미국의 곡물 회사였던 ADM이 사료용 아미노산 생산 시장으로 진출한 예에서 볼 수 있듯이 미래에 다른 회사도 전방 통합을 시도할 가능성이 있음을 보여준다.

한편 차별화되지 않은 원재료는 공급자의 위험을 중화시키는 요인이 된다. 원당 및 전분당이 사료용 아미노산 생산에 중요한 요소이기는 하지만 공급자들이 공급하는 제품들 사이의 차별성은 크지 않아 사료용 아미노산 생산 기업에 대한 협상력을 감소시킨다.

4. 구매자 협상력

생산된 사료용 아미노산 제품은 기업마다 큰 차이가 없다. 이에 구매자는 상대적으로 낮은 가격의 제품을 구매하는 경향이 있는데, 이는 시장에서 구매자의 협상력을 높이는 요인으로 작용한다. 그런 까닭에 기업들은 아미노산 사료를 구매하여 농장에 유통하는 유통 업자와 긴밀한 관계를 유지하려 애쓰고 있다. 그러나 생산에 필요한 특수한 공장 설비, 기존 기업들의 높은 원가 경쟁력 등을 고려할 때 구매자들의 후방 통합 시도는 상대적으로 낮다고 평가되며, 이는 낮은 제품 차별성으로 인한 구매자의 위협을 낮춰준다.

5. 대체재의 위협

현재 사료용 아미노산을 대체할 대체재의 위협은 낮은 수준이다. 돼지 및 닭의 성장에 있어 사료 사용의 효율성을 높이기 위해 사료용 아미노산이 개발되었기 때문에 기존 사료만 사용하는 것은 대체재가 될 수 없으며, 교체 비용 또한 높다.

CJ의 사료용 아미노산 산업 내 경쟁 현황을 5 포스 모델로 분석해봤다. 이 분석 과정을 자사의 산업 내 경쟁 현황을 분석하는 데도 적극 활용해볼 수 있다.

8

사물인터넷 스타트업의 내부 역량 분석 사례: 7S 프레임워크

당신 또는 당신의 회사는 어떤 역량을 가지고 있는가? 일반적으로 사업에서 말하는 역량의 보유 여부는 시장에 출시하여 고객들이 평가한 성적표를 받아본 후에 결정된다. 역량은 일방적이거나 단편적인 시각에서 측정되는 것이 아니라 시장과의 상호 과정interaction을 통해서만 검증, 성장, 발전하는 특성을 갖고 있다.

게리 하멜은 경쟁 상대가 따라할 수 없는 능력, 고객에게 편익을 제공하는 능력, 다양한 수요가 존재하는 시장에 적용할 수 있는 능력을 핵심 역량Core competency이라고 정의했다. 이 정의에서 역량이 갖는 의미를 이해할 수 있다.

컨설팅 그룹인 맥킨지에서 소개한 7S 프레임워크Framework는 회사의 내부 역량을 평가하는 데 유용한 도구다. 앞서 정의된 핵심 역량의 맥락에서 보면 7S 프레임워크의 적용은 사업을 시작하지 않았거나 창업 전이라면 의미가 없을 수 있다. 비즈니스가 어느 정도 형태가 갖춰졌을 때 또는 이미 시작하고 나서 업그레이드할 때 유용하다. 특히 갇혀 있는 사업의 활로를 뚫어야 할 때나 성장을 위한 변화를 꾀하고 싶을 때 활용한다. 즉 잘 안 되는 걸 잘되게, 잘되는 걸 더 잘되게 하고 싶을 때 쓰는 강력한 도구가 7S 프레임워크 모델이다.

7S 프레임워크 모델 내 일곱 가지 요소는 서로 영향을 주는 관계

7S 프레임워크 모델

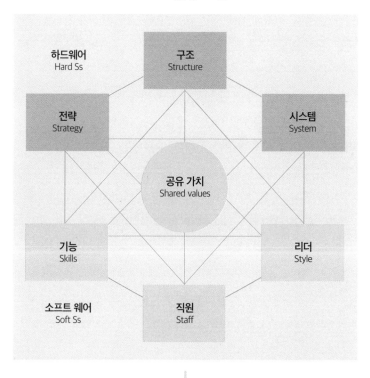

이며, 이 가운데 전략Strategy, 구조Structure, 시스템System은 단기간에 개선하거나 바꾸기 어려운 틀Hard Elements에 속한다. 기능Skills, 직원Staff, 리더Style, 공유 가치Shared Value는 앞의 틀을 채우는 요소로서 상대적으로 단기간 내에 수정·보완이 가능한 틀로 분류한다. 예를 들어 집을 지을 때 구조와 뼈대는 하드웨어이고, 집 안을 채우는 가구나 가전제품 등은 소프트웨어로 구분하여 생각하면 이해하기 쉽다.

7S 프레임워크 모델을 활용하는 이유는, 기업이 목표를 달성하기 위해 조직이 얼마나 잘 구성되어 있는지, 성공에 필요한 요소는 무엇인지, 향후 변화에 대응하는 데 필요한 요소는 무엇인지를 규명하는 것에 있다. 또한 7개의 항목을 통해 회사가 자신들의 전략을 달성하는 데 집중할 수 있는지가 파악된다.

Y축의 속성인 인적 자원은 사람과 조직에 관련된 사항이고, 운영은 전략의 수립과 실행에 관련된 내용이다. X축의 속성은 앞서 말한 대로 틀과 틀을 채우는 요소에 대한 내용이다.

1. 전략Structure 경쟁 업체에 비해 경쟁 우위 요소가 있는지 혹은 경쟁 우위를 어떻게 유지할지에 대한 기업의 계획이나 전략 요소를 평가한다.

2. 구조Structure 회사 내 업무 구조가 기업이 정한 목표를 달성하는 데 집중할 수 있는지를 보는 항목. 즉, 부서와 팀이 효율적으로 구성되어 있는지, 커뮤니케이션이나 결제 라인은 명확한지에 대한 요소를 평가한다.

3. 시스템System 직원들이 목표한 일을 완수하는 데 활용하는 일상적 활동과 절차, 핵심 프로세스와 지원 업무 등의 요소를 평가한다.

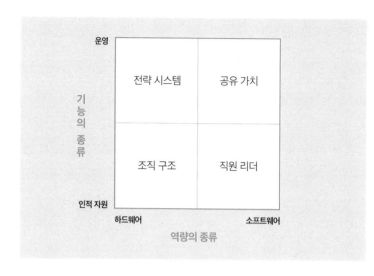

4. **공유 가치**Shared Value 기업에서 직원과 리더 모두 공유하고 있는 핵심 가치로서 회사의 조직 문화를 이끌어나가는 가치 체계를 말한다. 회사의 비전, 전략, 신념, 존재의 이유 등이 공유 가치 요소에 포함된다.

5. **리더**Style 경영진의 리더십 스타일과 조직 운영 스타일을 평가하는 항목이다.

6. **직원**Staff 부서나 팀 구성은 효율적인지 그리고 팀원들의 평균적인 능력은 어떤지 평가하는 항목이다.

7. **기술**Skill 회사 직원이나 팀원이 현재 보유하고 있는 기술과 핵심 역량이 시장에서 경쟁 우위를 확보하고 있는지 평가하는 항목이다.

우리 연구팀에서는 디지털 트랜스포메이션 시대의 핵심 기술 중 하나인 사물인터넷IoT 분야의 스타트업인 회사의 기업 환경 분석을 실시했다. 외부 환경 분석 툴로는 PESTEL, 5 포스 분석을 활용했고, 내부 환경 분석 툴로는 가치사슬 분석VCA, MVV(Mission, Vision, Value), 7S 프레임워크를 사용했다. 이렇게 분석한 기업의 외부 환경과 내부 환경을 토대로 SWOT 분석을 실시하여 회사의 당면 과제인 스타트업 기업의 현황과 혁신 방향을 제시했다. 이 중 7S 프레임워크 모델을 적용하여 연구한 사례를 소개하고자 한다. 당시 회사는 사물인터넷의 핵심 역량은 갖추고 있었지만 신생 기업의 한계인 마케팅 전략과 비용, 정책 사업 수주, 투자 유치, 사업 방향성 등의 문제에서 딜레마에 봉착해 있었다. 회사는 사물인터넷 시장의 선도 기업으로 나아갈 수도 있고, 여러 후발 주자 중 하나에 머물 수도 있는 상황이었다.

우리 연구팀이 회사 분석에 적용한 7S 프레임워크 모델별 개요와 유형, 설문 사항은 아래와 같으며 7점 척도를 활용했다.

회사 7S 프레임워크

7S	개요	유형	문항 수	설문	척도 1 2 3 4 5 6 7
전략	경쟁사 대비 경쟁 우위 전략 경쟁력을 유지하기 위한 회사의 계획	객관식	1	나는 회사의 전략을 이해하고 있다	
		객관식	2	나는 회사가 어떻게 목표를 달성할 수 있는지 알고 있다	
		객관식	3	회사는 경쟁 상황을 이해하고 대처할 수 있다	
		객관식	4	회사는 고객 니즈를 잘 파악하고 이를 제품 개발에 반영하고 있다	
		객관식	5	회사는 사업과 관련된 외부 환경에 맞게 전략을 수립하고 있다	

구조	부서와 팀 구조, 보고 체계	객관식	1	회사는 사업 수행을 위한 적절한 부서/팀이 있다
		객관식	2	회사 내에 팀 간 협업이 잘 이뤄지고 있다
		객관식	3	회사 내 관련된 업무에 적절한 팀원 구성이 되어 있다
		객관식	4	회사 내 주요 의사결정은 경영진의 의해서 이뤄진다
		객관식	5	회사 내 업무 보고/결제 라인이 분명하다
시스템	팀원의 일상적 업무 수행 활동, 절차	객관식	1	회사 내 인사, 재무, 개발, 마케팅 등 적절한 업무 운영 시스템/프로세스가 있다
		객관식	2	회사 내 업무 관리 및 평가가 이루어지고 있다
		객관식	3	회사는 내부 업무 규정과 프로세스를 따르고 있다
가치 공유	전원이 공유하고 있는 기업 핵심 가치/ 슈퍼 목표	객관식	1	나는 회사의 핵심 가치가 무엇인지 알고 있다
		객관식	2	나는 회사의 기업 문화를 이해하고 있다
		객관식	3	회사의 핵심 가치가 의사결정에 반영되고 있다
리더	리더십 스타일	객관식	1	회사는 직원들의 의견을 반영하여 의사결정을 한다
		객관식	2	회사 내 직원/팀별 협력이 이루어지고 있다
		객관식	3	회사 내 업무에 필요한 부서가 적절하게 조직되어 있다
직원	팀원의 일반적인 능력	객관식	1	회사 내 부서들에는 필요한 직무/팀원이 적절히 구성되어 있다
		객관식	2	회사 내 직무/팀원은 필요한 역량을 가지고 있다
		객관식	3	회사 내 추가로 필요한 직무(예: 영업 직원, 홍보 직원 등)는 무엇인가
		객관식	4	회사 내 추가로 필요한 역량은 무엇인가

기술	팀원의 실제 보유 기술과 역량	객관식	1	회사는 경쟁력 있는 기술을 가지고 있다
		객관식	2	회사 내 팀/직원은 현 업무를 수행할 능력이 있다
		객관식	3	회사 내 주요 기술에 대한 관리와 평가가 이루어지고 있다
		객관식	4	회사 내 경쟁력 있는 기술은 무엇인가
		주관식	5	회사 내 추가로 필요한 기술은 무엇인가
		주관식	6	회사는 무엇으로 유명한 회사인가

조사를 통해 나온 결과는 다이아몬드 그래프로 나타냈다. 다이아몬드 그래프를 통해 강점과 보완할 점을 한눈에 볼 수 있다.

사물인터넷의 핵심 역량을 갖춘 회사의 조직 현황을 7S 프레임워크로 분석한 결과는 다음과 같다. 참고로 기업 내부 정보를 전부 공개할 수는 없기 때문에 간략히 소개하는 것에 대해 독자들의 양해를 구한다.

그래프상 높은 평점을 기록한 항목은 기업 전략, 공유 가치 그리고 기술이었다. 반면 상대적으로 낮은 평점을 기록한 항목은 구조, 리더, 직원이었다.

7S 프레임워크 모델의 분석 결과를 바탕으로 회사의 현황을 간략히 살펴보겠다. 전략 부분에서는 전반적으로 구성원 모두 자사인 회사의 전략에 대해 잘 알고 있고, 경쟁에도 잘 대처할 수 있다는 결과가 나왔다. 구조 부분에서는 "관련 업무에 적절한 팀원 구성이 필요하다" "명확한 업무 보고나 결제 라인이 필요하다"라는 결과가 나왔다. 시스템 부분에서는 인사, 재무, 마케팅 등 적절한 업무 운영 프로세스를 명확히 구분하고 담당자를 기용해야 한다는 결과가 나

회사 7S 프레임워크 분석

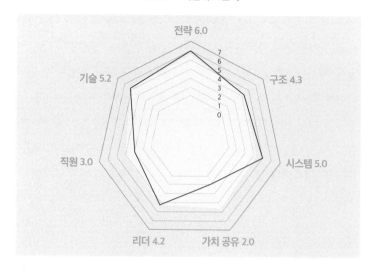

왔다. 이는 리더의 경영 스타일과 직원 항목에서도 나타난 "팀원, 부서가 좀더 적절히 구성되어야 한다는 결과"와 맥락을 같이한다. 기업 핵심 가치는 경영진과 직원 모두 전반적으로 잘 이해하고 있었고 기술 부분에서는 회사가 보유한 핵심 기술과 경쟁력이 높은 평점을 얻었다. 이에 더해 철저한 시장조사를 바탕으로 한 회사만의 독보적·창의적 아이템 및 기술이 필요하다는 결과도 나왔다.

일곱 가지 항목을 통해 회사의 현황과 개선점, 방향성에 대해 간략히 살펴봤는데 이 결과를 통해 대다수의 스타트업이 겪고 있는 전형적인 문제가 드러났음을 알 수 있다. 먼저 대부분의 스타트업은 대기업처럼 인력을 여러 팀으로 나누어 업무 수행을 하기에는 비용과 인적 자원 측면에서 한계가 있다. 마케팅 비용의 지출이나 투자금 유치도 비슷한 맥락에서 어려움을 겪는다. 경쟁력 있는 기술력만으로는 사업을 지속하는 데 제한이 있다. 경쟁자는 언제든 기존 기술을 벤치마킹할 수 있으며, 산업 내 대체자나 신규 진입자는 좀더 혁신적인 기술을 들고 기존 시장 내 플레이어들을 위협할 수 있다. 경영 전략이 뒷받침되었을 때 기술력도 돋보이게 된다. 미래 먹거리인 사업 모델 개발과 새로운 시장 수요의 창출은 기업의 지속 생존에 필수 역량이다.

9

너 자신을 알라: 핵심 전략 목표 도출형 SWOT 분석

앨버트 험프리가 고안한 SWOT 분석 모델은 강점Strength, 약점Weakness, 기회Opportunity, 위협Threat의 네 가지 요소를 통해 내부 역량과 외부 환경을 분석·정의한 다음 경영 전략을 수립하는 데 쓰는 도구다. 이해를 돕기 위해 소크라테스의 말을 빌려 SWOT 분석을 '너 자신과 사업 환경을 알라'라고 한 줄로 정의할 수 있을 것이다.

이 네 요소를 독립적으로 정의하고 이에 맞는 전략을 수립하는 게 일차적인 활용 방식이다. 좀더 자세히 들여다보면 강점·약점은 내부적 요소로서 내부 역량을 말하며, 기회·위협은 외부에서 온다는 관점에서 외부 환경이라고 한다. 이 내부 역량과 외부 환경 간의 상호작용을 2×2 모델로 표현하면 각 상황에 맞는 강력하고도 실용적인 전략을 구상할 수 있다.

SWOT 분석 모델을 1차적으로 표현하면 위와 같이 각 요소를

내부 역량	S 강점	W 약점
외부 환경	O 기회	T 위협
	긍정적	부정적

독립적으로 나타낼 수 있다. 여기서 더 세부적으로 X축, Y축을 내부 역량과 외부 환경으로 규정하면 현재 상황과 전략적 방향별 세부 목표를 이끌어낼 수 있다. 이것이 SWOT Ⅱ이다.

2사분면의 '우선순위'는 외부적 기회, 내부적 강점이 결합한 상태로 해당 산업에서 전략적 우위를 선점해 기업 경쟁력과 미래 먹거리

		기회	위협
내부 역량	강점	우선순위	비상 체제
	약점	약점 보완	회피

외부 환경

까지 가져갈 수 있는 경우다. 여기서 경계해야 할 점은 경기가 좋은 상황에서는 산업 내 어떤 기업도 호황을 누릴 수 있어서 마치 지금의 호경기가 자사 내부의 역량이 우월해 달성했다는 착각일 수 있다는 것이다. 이럴 경우 향후 경기가 후퇴했을 때 비로소 드러나는 약점에 대비하지 못해 위협이 닥칠 우려가 있다는 점에서 경계를 요한다. 사업 다각화 전략은 이런 위협을 방지하는 데 효과적이다.

3사분면의 '약점 보완'은 외부적 기회로 호황인데 정작 자사의 내부 역량이 미흡해 소위 물 들어오는데 노를 젓지 못하는 안타까운 상황이다. 빠르게 내부 역량을 고도화시킬 수 없다면 약점을 보완해줄 파트너와의 전략적 제휴나 아웃소싱을 통한 역량 강화를 선택할 수 있다. 다만 외부 기회만 보고 성급히 투자를 확대하거나 무리하게 사업 모델을 변경하는 일은 주의해야 한다. 기회 상황에서 기회를 활용하지 못하는 이유는 인력, 자금, 규모 등에서 찾을 수 있지만 장기적으로는 이런 요소들을 개선해야 기회 활용은 물론 경쟁자에 의해 대체되지 않을 것이다.

4사분면의 '위험 회피' 상황은 외부적 위협과 더불어 내부적 단점이 조합된 경우다. 사업 환경에서는 정치적, 경제적, 환경적, 법적 위협이 항상 도사리고 있지만 그렇다고 모든 위협이 나쁜 것은 아니나. 강점은 위협의 인지를 딛고 성장하기 때문이다. 이 상황에서는 사업 분야의 철수를 고려하는 등 피하는 것이 대책이 될 수 있고 때로는 회사의 핵심 가치가 달린 일이라면 어떤 대가를 치르더라도 맞서서 해결해야 할 위협도 존재한다.

1사분면의 '비상 체제'는 내부적 강점은 있으나 외부적 위협이 존재하는 경우다. 시장 상황이 악화됐다면 무리한 투자보다는 관망하며 내부 강점을 강화하는 전략적 노선을 취하는 게 일반적이다. 정부 정책이나 혁신적인 신규 진입자로 인한 차별성 약화 때문에 발생한 위협이라면 가장 높은 수준의 외부 환경 위협 상황이다. 이런 경우는 상황이 호전될 때까지 기다리기보다는 적극적으로 강점을 강화하고 약점을 보완해 공격과 방어 태세를 모두 갖추는 비상 체제에 들어가야 한다.

내부 역량과 외부 환경의 상호작용으로 발생하는 네 가지 경우에 모두 대비하려면 먼저 강점, 약점, 기회, 위협을 정직하게 분석하고 규정해야 한다. 그리고 외부 환경 변화에 대한 자사의 강점과 약점을 평가하여 현실을 직시할 수 있는 4분면 중 하나로 정의하여 대비하는 자세가 요구된다.

10

군더더기를 빼고
우선순위를 정하라:
ERRC

스타트업의 5년 생존율은 27.5퍼센트에 불과하다. 다시 말해 5년 차 폐업률이 72.5퍼센트에 달하는데, 그 이유는 무엇일까? 시장과 자원에 대한 이해 부족 그리고 잘못된 벤치마킹의 관점에서 그 답을 찾을 수 있다. 지금도 새로운 제품이나 새로운 시장의 문을 개발해 창업 시장을 두드리는 시도들은 IT 분야에서 농식품 분야까지 교차하면서 경계 없이 일어나고 있다. 한 예로 전복도 빅데이터와 AI를 연결한(노드node와 게이트웨이gateway) IoT 기술로 양식이 자동화되는 시대다.

기존의 성공적인 기업들은 생존에 있어서 훌륭한 자산을 보유하고 있다. 이를테면 우호적인 고객 관계, 제한적인 시장에서의 생존 전략, 신규 시장 판단 및 개척 경험 등이 그것이다. 이런 점은 단기간에 얻어지지 않는다. 스타트업 리더들은 시장에 진출해 성공한 경험이 없거나 자신들이 가진 자원의 시장 경쟁력 비교 열위나 제한성, 이를테면 시간과 노력, 비용, 인력을 적절히 투입할 방법을 몰라 우왕좌왕한다. 이들 대부분은 기술력이나 전략의 한계보다 잘못된 자원 운용으로 위기를 맞는다. 보통 기술력이나 전략은 고정 값이 아니며 시장 상황에 맞게 수정해나가게 된다. 그러면서 점점 수익이 발생하는데 이 단계까지 진입하기 위해서는 한정된 자원을 적절히 활용하여 중장기에 대비해야 한다. 그러려면 일의 중요도와 긴급도에 따라 우선순위를 정하고 집중해야 한다. 쓸데없는 곳에 자원을 낭비할 여력이 없기 때문이다. 결국 스타트업이 생존 확률을 높이려면 투입량 대비 결과가 낮은 요소들은 빠르게 자원 투입을 줄이거나 없애야 하고, 핵심 전략에 따른 핵심 가치에 대한 자원 투입은 신설하거나 증가시켜야 한다. 기존 관성에 따라 그저 열심히 하는 현혹된 단계에서 벗어나 생존에 실제 필요한 것을 찾아 집중하는 것이 핵심이다.

프랑스 유럽경영대학원 인시아드Insead의 김위찬 교수와 르네 모보르뉴 교수가 1990년대 중반 가치 혁신value innovation 이론과 함께 경영 전략론의 하나인 '블루오션 전략'에서 소개한 ERRC 모델에 따르면, 현재 처한 상황에서 네 가지 선택 대안을 찾을 수 있다.

ERRC를 통해서 전략, 조직, 프로세스, 평가 및 보상, 정보 시스템에 대해 우선순위를 분석함으로써 자원을 효과적으로 배분하는 게 목적이다.

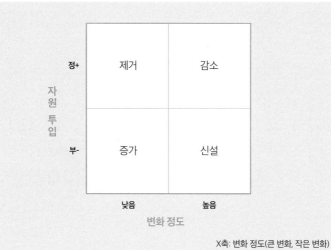

X축: 변화 정도(큰 변화, 작은 변화)
Y축: 자원 투입(정(+), 부(-))

- **제거**Eliminate 투입량 대비 산출물이 없는 일은 제거하여 자원(시간, 노력, 비용, 인력) 확보.

- **감소**Reduce 투입량 대비 산출물이 기대보다 낮은 일은 점점 줄여서 자원 확보.

- **증가**Raise 투입량 대비 산출물이 기대보다 높은 일은 투입량을 점점 높여서 성과 확보.

- **신설**Create 가장 큰 성과를 내는 것은 전통적으로 새로운 제품/아이템이었다. 투입량 대비 산출물이 적거나 없던 곳에서 확보한 자원을 신설에 적절히 투자하여 미래 먹거리를 확보한다.

11

죽음의 골짜기를 넘어라: 리스크 매니지먼트

데스밸리Death Valley는 미국 캘리포니아주 동남부의 한 산맥 사이에 끼어 있는 건조분지다. 길이는 약 220킬로미터, 너비는 약 6~25킬로미터이며, 여름의 기온은 섭씨 58.3도까지 올라간다. 척박한 환경 탓에 여행자는 물론 동물도 쓰러져 희생되는 곳이라고 해서 '죽음의 골짜기'라는 이름이 붙었다.

기업에도 죽음의 골짜기가 존재한다. 신생 기업들은 자신들의 모든 자본을 연구 개발에만 집중적으로 투자하는 경향이 강해 정작 제품/서비스를 시장에 출시하여 흑자 전환하는 시점까지 살아남지 못한다. 즉 연구 개발부터 사업화하여 흑자를 내는 단계까지가 신생 기업에게는 죽음의 골짜기다. 이 과정에서 신생 기업은 생존을 위한 위험관리Risk Management를 해야 한다.

문제Problem와 위험Risk은 다르다. 둘의 근본적인 차이는 무엇일까? 문제는 이미 발생되어 파악이 가능한 것을 말한다. 눈에 보이는 만큼 대응도 상대적으로 용이하다. 현장에서는 "우리 조직의 문제가 뭐지?"라고는 물어도 "우리 조직의 리스크가 뭐지?"라고 묻지는 않는다. "공장의 불량률이 10퍼센트인 상황은 이미 발생된 것으로 리스크가 아니다. 불량률이라는 문제 요소를 알게 됐으니 원인을 파악하여 대안을 찾아서 해결하면 된다.

반면 위험은 아직 발견되지 않았지만 향후 일어날 수 있는 잠재적 요소를 말한다. 리스크가 커질수록 불확실성도 커진다. 불확실성이 클수록 생존 가능성도 낮아진다. 리스크는 아직 발생하지 않았으므로 파악이 어렵다. 위험은 제거하기 힘들어도 잘 대처하여 완화시킬 수는 있다. 가장 큰 위험은 대개 자금 조달, 핵심 역량, 비즈니스 모델 등에서 발생하므로 이런 결정적 요소들을 잘 관리할 필요가 있다.

문제 해결과 위험관리는 다르다. 사업 시작 전이라면 발생된 문제 자체가 없는 계획의 영역이므로 모든 상황을 문제 해결이 아닌 리스크 완화의 관점으로 바라보고 시나리오를 작성할 필요가 있다. 향후 사업을 운영해가면서 발생할 가능성이 있는 항목들에 대해 미리 시나리오를 만들어 대응한다면 패닉에 빠지지 않을 것이다.

사업 아이디어가 생겼다면 이를 성공적으로 실현시킬 비즈니스 모델, 전략, 기술성, 시장성, 사업성, 구체적 실행 계획 등을 따져야 위험을 최대한 완화할 수 있다. 그러나 대다수의 사람은 자신의 아이디어를 과도하게 믿는 경향이 있다. 오로지 사업성 하나만 믿고 최고의 성과가 나오리라는 장밋빛 환상에 젖는다. 완벽한 계획 추구보다는 약간의 무모함이 사업을 시작하는 데는 유리하겠지만 앞으로 벌어질 다양한 유형의 리스크에는 반드시 대비해야 한다. 따라서 리스크를 반영한 시나리오 분석은 필수다. 리스크 완화 방안을 고려해서 시나리오를 기획하고 실행한다. 위험의 최소화 내지는 회피를 위해 위험 요소를 규정하여 정밀한 시나리오를 만들 필요가 있다.

가령 최상의 경우로 사업성을 1000억 원으로 평가했을 때, 같은 산업 내 모방자나 기술 경쟁자들에 의해 가치가 잠식당해 실제는 300억 원 정도로 낮아질 수 있다. 또는 예상보다 트래픽이 적을 수 있고 시장 점유율도 당초 목표보다 10분의 1 수준이 될 수 있다. 또한 핵심 역량을 보유하는 데 생각보다 훨씬 더 많은 자원과 시간이 투입되어 적기에 필수 요소를 보유하지 못할 위험성도 언제든 상존한다. 따라서 최상의 경우 이외의 상황을 예상해야 하고 최악으로는 사업성이 1000억 원이 아닌 10억 원이 될 가능성도 열어놓은 채 시나리오를 작성하는 것으로 대안을 마련할 수 있다.

다음 쪽 2×2 매트릭스에서 보듯 대표적인 위험으로 네 가지 유형이 있다. 운영 리스크, 재무 리스크, 전략 리스크, 재해 리스크가 그것이다.

나아가 투자금 유치와 관련된 위험관리 사례도 있다. 투자금 유치 업무를 담당해줄 컨설턴트와 계약을 통해 자문 수수료 및 투자금 유치에 따른 커미션 계약을 맺는다. 당초 100억 원의 투자금을 유치해주기로 하고 해당 금액 기준으로 수수료 2퍼센트를 받기로 했다. 여기서 문제는 투자금 유치를 받는 경우에 한해서만 계약서를 작성했다는 점이다. 만일 투자금을 적시에 받지 못하면 회사는 상

운영 리스크 Operational Risk	재무 리스크 Financial Risk
• 입찰 과정 • 정보 전달 • 건설 관리 • 회계 처리 과정	• 자본 비용 • 성장 자본화 • 시장 위험 • 은행 및 보증 지원
전략 리스크 Strategic Risk	재해 리스크 Hazard Risk
• 소비자/시장 변화 • 성장 전략 • 브랜딩/이미지 • 경쟁	• 직원 부상/질병/도둑 • 제3자 책임 • 자연재해 • 재산 손실

당한 어려움에 처하는데, 이런 위험성에 대비한 내용은 계약서에 포함되어 있지 않다. 이 때문에 100억 원의 투자금을 약속했으나 실제로는 10억 원도 유치하지 못했는데도 자문 수수료와 커미션 2퍼센트는 지급해야 하는 것이다.

투자자와 주주들에게는 큰소리 쳐놓은 상황인데 난처해진다. 처음에는 최상의 시나리오로 진행되다가 어느 순간 어그러지기 시작하면 머릿속이 하얘진다. 이런 상황에 부딪혔을 때를 대비하여 리스크 최소화 방안을 건마다 수립해두고 구체적인 실행 계획을 이에 따라 달리한다.

• **예측 가능** 내적 위험과 외적 위험이 모두 낮은 영역은 흔히 예측 가능하며 상대적으로 중요하지 않은 요소다. 위험이 발생해도 영향력이 크지 않으므로 약간

의 주의만 요구된다.

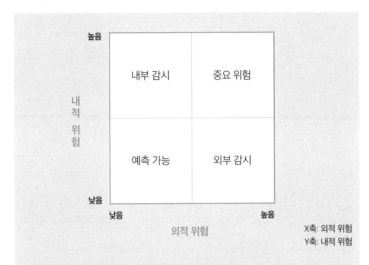

* 내적 위험은 비즈니스 모델, 자금 조달, 핵심 역량, 인적 자원 등의 요소를 다루는 반면, 외적 위험은 환율, 정책, 환경, 원자재 가격, 새로운 시장 개척, 고객 니즈와 수요 등의 제어할 수 없는 요소들을 다룬다.

- **내부 감시** 외적 위험은 낮지만 내적 위험이 높은 상태. 내부 문제는 대개 명확하며 외적 위험에 비해 불확실성이 적다. 다만 내부 위험은 개선에 시간이 오래 걸리는 요소가 대다수이므로 장기적 관점에서 학습과 개선을 요한다. 단번에 변화시키기 어렵기 때문에 꾸준한 모니터링과 관심이 필요하다.
- **외부 감시** 내적 위험은 낮지만 외적 위험이 높은 상태. 예를 들어 새로운 시장에 진출하기 위해 타깃 소비자의 니즈와 수요 파악은 절대적으로 중요하다. 이런 요소들은 기업에 큰 기회가 되지만 반대로 큰 위험이 될 수도 있다.
- **중요 위험** 이 영역에 속하는 위험은 반드시 시나리오를 작성해 다양한 대안에 대해 미리 학습되어 있어야 한다. 모든 위험과 그 조합에 대한 대비는 아무리

시간을 들여도 지나치지 않다. 이 단계의 불확실성을 줄이는 것은 생존과 직결되는 사안이다. 조직이 언젠가 맞이할 높은 수준의 기회 또는 위기를 의미하는 영역이다.

우리 사회에는 리스크 회피 현상이 만연해 있다. 실패로 인한 재기 불능 상태에 대한 두려움 때문이다. 우리는 실패의 확률을 낮춰주는 시스템을 개발해야 하며, 실패가 성공으로 가는 과정임을 인식하여 이를 사회적 자산으로 활용하는 사회 분위기 조성되어야 한다.

리스크를 수용하는 정도와 리스크 관리 경험에 따라 다음과 같이 나눌 수 있다.

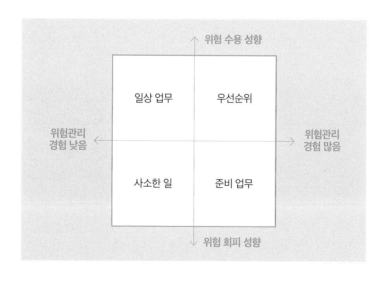

• **갬블러** 위험관리 경험이 거의 없음에도 위험을 즐기는 성향은 도박꾼과 다를

바 없다.

- **적극적 수용자** 퍼스트 펭귄이라 불린다. 퍼스트 펭귄은 백상아리나 물개 등 포식자 때문에 바다에 뛰어들지 않는 펭귄 무리 중 가장 먼저 바다에 입수해 무리를 이끄는 존재를 말한다. 기업, 금융, 전략 등 우리 사회 전반의 도전 정신이 실종된 이때 위험 수용 성향이 강하고 위험관리 경험도 풍부한 퍼스트 펭귄이 절실하다. 성공은 위험을 감수하고 도전하는 데서 얻어지는 보물이다.
- **소극적 수용자** 위험관리 경험이 있으므로 도전하여 성과를 만들 수 있다.
- **희생자** 변화의 물결을 인정하고 도전을 통한 경험을 습득해나가야 한다. 시간은 한정되어 있다. 현실에만 안주한다면 마지막 펭귄으로 희생자가 될 것이다.

비즈니스 파트너 및
고객과의 관계를 매트릭스하라

3장

최상의 인간관계를 만드는 방정식: 신뢰 방정식

이기적인 사람은 남을 위하지 못할뿐더러

자기 자신도 위하지 못한다

_에리히 프롬

신뢰는 인간관계 형성의 기반이 되며 이를 바탕으로 비즈니스의 성공과 성장을 도모할 수 있다. 기업이 좋은 제품을 개발하는 이유, 회사 이미지를 재고하는 이유, 수억 원 이상을 들여 유명 연예인을 광고에 기용하는 이유 모두 고객에게 신뢰를 얻기 위해서다. 메시지와 광고 모델을 일치시키는 것도 중요하지만 '나, 저 사람 알아'라는 대중의 반응만으로도 신뢰를 얻을 수 있다. 유튜버가 추천한 맛집은 거리가 멀어도 문전성시를 이루고 고가의 제품들, 예를 들면 노트북 같은 고관여 제품들도 단지 추천만 믿고 구매하는 이가 적지 않다. 서로 대화를 나눈 적도 없는 사이에서 믿고 구매하는 현상이 발생하는 이유는 신뢰 때문이다. 이처럼 신뢰는 매출과 직결된다. 고객이 적정하다고 느끼는 가격보다 더 높은 가격으로 제품을 판매하려면 가격 차이 이상의 가치를 주어야 한다. 같은 맥락에서 시장 점유율과 매출 모두를 노린다면 고객이 인지하는 가격보다 더 낮은 가격에 우수한 가치를 제공하면 된다. 디지털 트랜스포메이션 시대의 핵심 수익 모델 중 하나인 구독 경제가 고객이 인지한 가치보다 월등히 높은(제품, 서비스 제공 업체는 불만이겠지만) 가치를 제공하는 대표적인 사례로 설명될 수 있다. 디자인이나 코딩을 위해 성능은 좋지만 고가인 컴퓨터를 더 이상 사지 않아도 원하는 소프트웨어를 구동할 수 있다. 단지 월정액을 지불하고 온라인 클라우드 서비스 업체의 사이트에서 소프트웨어만 이용하면 된다. 출판 시장도 구독 경제의 좋은 예다. 독자들은 종이 책 한 권을 사는 데 1만5000원 정도의 비용을 낼 필요가 없어졌다. 이제 월정액 9900원짜리 전자 책 제공 서비스 업체를 이용하면 전자책 수만 권을 무제한으로 읽을 수 있다.

기업이 자사 제품, 서비스에 매긴 가치와 고객이 느끼는 가치는 전혀 다르다. 기업이 판단할 때 아무리 좋은 제품, 서비스라 해도 외부 환경에 따라 고객이 느끼는 가치는 달라지기 때문이다. 다른 기업이 9900원에 무제한 횟수로 제공하는 서비스를 단 1회만 제공하면서 가격도 비싸다면 이 차이를 메울 특별한 가치를 제공하지 않는 한 떠나는 소비자를 붙잡을 길은 없다.

그렇다고 고객이 어떻게 의사결정을 하는지를 매번 조사하는 것

신뢰 Trust

믿음 Credibility 말하기 Saying	**확실성** Reliability 행동하기 Doing
친밀감 Intimacy 상호작용 Interacting	**이기심** Selfishness 신뢰 잠식 Destroying

은 쉬운 일이 아니며 자원도 많이 든다. 한편 고객에게 유용한 가치를 제공하는 기업이라도 경영진과 그 구성원의 비윤리적, 반사회적 행위가 밝혀지면 그동안 공들여 쌓아온 고객의 신뢰를 한순간에 잃어버리기도 한다. 이는 인간관계에서도 마찬가지다. 100가지 잘한 행동보다 한 가지 그릇된 행위가 모든 신뢰를 망가뜨리는 것을 우리는 주변에서 쉽게 목격한다.

기업이 자사의 이익만 생각해 가격을 높게 책정하는 것, 인간관계에서 타인을 생각하지 않고 자신의 쾌락과 이익만 챙기는 것, 받은 만큼 돌려주지 않는 것 등 이기심을 보이는 기업이나 사람에게 신뢰를 느낄 상대방은 없다. 이기심을 드러내는 행동은 신뢰를 잃는 가장 빠른 길이다.

특이하게도 지금까지 간략히 다룬 신뢰를 형성하는 여러 요소를 효과적으로 설명하는 모델이 있다. 데이비드 마이스터의 신뢰 방정식Trust equation이 그것이다.

인간과 인간 사이에 신뢰를 이루는 근간은 믿음C과 확실성R 그리고 친밀감I이다.

근본적으로 C+R만으로도 서로 신뢰하는 관계가 될 수 있다. 그러나 여기에 I가 더해져서 C+R+I가 되면 관계는 좀더 강화된다. 단 C와 R이 먼저다. 처음부터 I만 강조하는 사람은 다른 목적을 갖고 접근했다는 오해를 살 수 있다. 그리고 신뢰하는 사이가 되었더라도 친밀감만 추구한다면 내실 없는 관계가 되고 만다. 이를테면 사업, 동업, 협력적 관계인데도 서로 거의 항상 술이나 여가활동에만 시간을 쏟는다면 성장에 아무런 득이 되지 않는다.

$$\frac{믿음+확실성+친밀감}{이기심} = \frac{10}{0.1} = 100$$

$$\frac{믿음+확실성+친밀감}{이기심} = \frac{10}{1} = 10$$

$$\frac{믿음+확실성+친밀감}{이기심} = \frac{10}{10} = 1$$

신뢰 방정식에 따르면 서로에 대한 믿음은 말Saying에서 나오며 확실성Doing은 행동에서 비롯된다. 여기에 친밀감이 더해져 신뢰도

150
단순함의 기술

높음

믿음 확실성 친밀감

	낮음 ← 이기심 → 높음
독보적 가치/독보적 친구	거리 두기
평범한 가치/평범한 친구	회피/외면

낮음

낮음　　　　　　　　　이기심　　　　　　　　　높음

TRUST는 더욱 높아진다. 그러나 자기 자신만 살고자 하는 이기심이 발현되면 이 신뢰도는 급격히 줄어든다. 믿음과 확실성 그리고 친밀감은 더하기의 관계지만 이기심은 분모에 위치해서 분자의 값인 '믿음+확실성+친밀감'을 큰 폭으로 잠식시킨다. 한 번 금이 간 신뢰를 회복하는 데에는 신뢰를 쌓아온 시간보다 10배는 더 걸린다.

위 수식에서 '믿음＋확실성＋친밀감'의 합을 10으로 가정했을 때 이기심이 신뢰관계에 미치는 영향을 쉽게 알 수 있다. 이기심이 1보다 작다면 자기 자신보다 상대방을 위하는 상태를 말하며, 이기심이 0.1일 때 신뢰도는 100이 된다. 반면 일방의 이익을 위한 이기심이 0.1에서 1로 상승하면 신뢰도는 10분의 1로 급감한다. 이기심이 더욱 커져서 10이 되면 신뢰도는 1이 된다. 이 신뢰 방정식에 따르면 이기심 10이 신뢰도 100을 1로 추락시킨다. 생색 내는 것도 이기심의 일종이다.

여기서 이기심이 커지는 동안 '믿음+확실성+친밀감'은 전혀 변하지 않았다는 사실에 주목할 필요가 있다. 아무리 '믿음+확실성+친밀감'이 좋은 관계라도 이기심은 이를 단번에 무너뜨리고 만다. 따라서 '믿음+확실성+친밀감'을 10에서 100으로 높이는 노력보다는 이기심을 줄이는 것이 신뢰도 높은 관계를 만드는 현명한 행동이다. 상대방이 좋아하는 행동보다는 싫어하는 행동을 하지 않는 편이 상호 관계에 훨씬 득이 된다.

현명한 사람이 주는 방법: 기버 & 테이커 모델

받기만 하는 사람, 즉 테이커taker는 인간관계에서 자기 이익만 챙기는 사람이다. 자신을 위해 무언가 해주기만을 바라는 데 온 정신이 쏠려 있다. 이와 반대는 주는 사람인 기버giver다. 이들이 주로 하는 말은 "제가 무엇을 도와드릴까요?"다. 주는 사람들은 은근히 상처받을 때가 많다. 당신은 둘 중 어디에 속하는가? 평소 사람들을 대할 때 주로 주기만 하는 유형인가, 받기만 하는 유형인가?

우리 모두는 줄 때도 있고 받을 때도 있다. 극단적으로 주기만 하거나 받기만 하는 부류는 얼마나 될까? 대부분의 사람은 중간적 관계, 즉 맞추는 자의 유형을 나타낸다. 애덤 그랜트의 연구에서 보면 '테이커'가 19퍼센트, '기버'가 25퍼센트, 주고받는 것의 균형을 맞추는 '맞추는 자'가 56퍼센트였다matcher. 당신이 내게 무언가 해준다면 나도 당신에게 무엇을 해주겠다는 것이다. 어떤 유형이 효과적인 삶의 방식인가? 애덤 그랜트의 연구에 의하면, 모든 직종 중 가장 성과가 안 좋은 사람은 '주기만 하는 사람'으로 나왔다. 자신이 받은 것보다 더 주는 사람들이 성과가 낮은 이유는 다른 사람들의 일 때문에 자기 일을 할 시간과 체력이 부족했기 때문이다. 특히 영업사원들은 영업에서 상대방(손님)을 지나치게 배려한 나머지 자신의 형편없는(?) 제품이나 서비스를 팔기 힘들어하곤 한다. 상대방에 대한 관대함의 대가가 매출 하락으로 나타난 것이다.

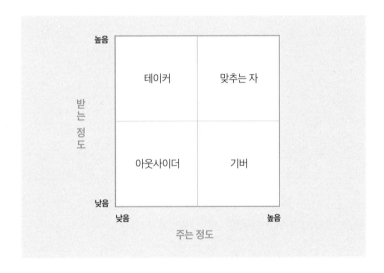

한편 주는 사람이 조직에 매우 긍정적인 영향을 미친다는 연구 결과는 공식적으로 38가지가 넘는다. 이 연구들에 따르면 주는 사람이 많은 조직일수록 기업의 이윤, 고객 만족도, 고용 유지율이 높았다. 또한 자질구레한 각종 비용도 적게 들었다. 주는 사람들은 기본적으로 윤리적이며 남을 위하는 삶을 살기 때문이다. 이들은 남을 위해 시간을 많이 쓰지만 그 과정에서 고통도 받는다. 그러면 최고의 직원은 누구인가? 주는 자인가, 받는 자인가? 아니면 맞추는 자인가? 일단 받기만 하는 사람은 아니다. 받기만 하는 사람은 처음에는 자신의 스타일 덕분에 비용과 시간이 덜 드는 효율적인 삶을 산다고 자부하지만 가장 많은 비율을 차지하는 '맞추는 자'들 때문에 오래가지 못한다. 처음에만 성공하는 듯 보일 뿐이다. 맞추는 자는 받기만 하는 자를 벌주고 싶어한다. 그렇다면 맞추는 사람이 논리적으로는 최고의 직원이 되어야 하지만 마찬가지로 최고의 성과를 보이진 않았다.

앞서 주는 자는 최저의 성과를 보인다고 했는데, 반전인 것은 사실 최고의 성과도 이 주는 사람들에게서 나온다는 점이다. 참고로 맞추는 자가 중간 정도의 성과를 보였고 받기만 하는 이들은 가장 낮은 성과를 기록했다. 그렇다고 조직 내에서나 인간관계에서 주는 자가 인정받고 늘 존경받는 것은 아니다. 도리어 자주 이용당하고 상처받는다. 그러면 어떻게 해야 주는 사람이 인정받고 최고가 되게 할 수 있을까? 세 가지로 생각해볼 수 있다.

1. 주는 것에 한계를 정하는 것이 중요하다. 남들을 돕는 것, 즉 이야기를 들어주고 지식이나 기본적인 것들을 챙겨주는 것, 멘토링해주는 것의 물리적 시간을 10분 혹은 30분 이내로 정하는 것이 도움이 된다.

2. 대다수의 사람은 상대방에게 부담을 주기 싫거나 무능해 보이기 싫어서 타인에게 요청하는 것을 꺼린다. 주는 자가 성공하는 사회, 주는 자가 많아지게 하

려면 이렇게 타인에게 요청하는 문화가 자연스럽게 정착되도록 모두가 공감대를 가지고 노력해야 한다. 무엇보다 어떻게 요청하는지조차 모르는 사람들을 위해 교육하는 것도 좋은 시도가 될 수 있다.

3. 주는 사람을 많이 고용하면 된다. 받는 사람이 미치는 악영향은 주는 사람의 긍정적 영향보다 2~3배 이상 높은 것으로 알려져 있다. 이런 악순환이 반복되므로 주는 사람도 점차 주지 않게 된다. 따라서 받기만 하고 주는 것을 꺼리는 사람을 솎아내는 것이 관리자가 할 역할이다. 주는 사람은 매사에 우호적이며 규범을 잘 따르고 또한 조직의 수호자일 때가 많다.

'다른 사람을 어떻게 하면 도울 수 있을까?' 고민하는 사람과 '시종일관 자신의 요구만 관철'하려는 사람 중 누구와 함께하고 싶은지는 명백하다.

한편 여기서 주는 척하지만 뒤통수를 치는 '위선'도 있다. 받기만 하는 사람은 높은 사람에게 아첨하는 것과 자기 하대에 능숙하다. 주는 사람과 받는 사람을 구분하는 방법은 간단하다. 질문을 해보면 되는데, 특히 면접에서 당신의 인생에 도움을 준 이들의 이름을 대보라고 하면 받기만 한 사람은 유능하거나 자신보다 높은 사람들의 이름을 댈 것이다. 반대로 주는 사람은 자신보다 서열이 낮은 이들이나 자신이 도와준 이들의 이름을 주로 댈 것이다. 조직은 주는 사람들의 탈진을 막고 그들의 성장과 성공을 적극 도와줘야 한다. 성공은 경쟁에서 승리하는 것보다는 돕는 것에서 온다는 문화를 응원해야 할 것이다.

'어수룩함'은 우호적이면서 매사에 거절을 힘들어하는 적극적으

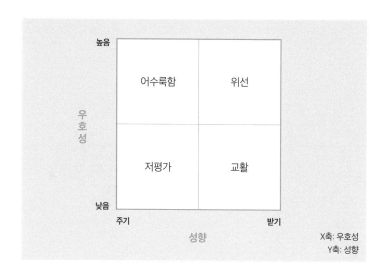

로 주는 사람이다.

'저평가'는 겉으로는 우호적이지 않은 듯하지만 상대방을 위하는 마음 때문에 결국은 도와주는 사람이며, 조직 내에서 저평가된 경우가 많으므로 이들을 응원해줌으로써 나가떨어지지 않도록 도와야 한다.

'교활'은 주는 것보다는 받는 것에 온통 신경 쓰는 사람이다. 항상 받기만 하고 싶은데 받은 만큼 주는 사람인 '맞추는 자' 때문에 발각되며 이들과 원수지간이 된다.

'위선'은 주는 척하지만 실제로는 받기만 하는 사람이다. 이들은 결국 미움을 받게 된다.

당신과 어울리는 사람은 따로 있다: DISC 모델

세계에서 가장 널리 쓰이는 성격유형 검사 중 MBTI는 주로 인지능력IQ과 인성에 초점을 맞추고 있다. 매년 수백만 명의 사람이 MBTI를 사용하는데 기업들은 이를 통해 능력과 스펙보다는 조직 적응도가 높은 인재를 선발한다. 여기에 DISC 모델도 마찬가지로 성격유형 검사 도구인데 이 모델은 사람들의 행동 유형과 적성을 중점적으로 평가한다.

창업이나 사업의 원만한 진행과 발전적 성과를 원한다면 반드시 자신과 상대방의 행동 유형 및 적성을 아는 것이 중요하다. 각 인간의 행동 유형과 적성을 효과적으로 조합하지 못하면 갈등이 커지고 다툼이 생겨 본래의 목적을 그르치는 일이 잦아질 수 있기 때문이다. 성과도 마찬가지다. 반대로 이런 행동 유형을 잘 이해한다면 구성원 간의 시너지 발생과 동기부여를 통해 기대 이상의 성과를 거

둘 수도 있다.

DISC 모델에 따르면 자신이 신중하고 안정형일 경우 파트너는 사교적이거나 주도형을 만나야 서로 보완된다. 둘 다 주도형이면(이는 배우자나 사업상의 파트너도 마찬가지다) 의견이 합치되기보다는 자기 주장만 앞세우는 점 때문에 갈등이 상존할 가능성이 크다.

주도형 Dominance	사교형 Influence
신중형 Compliance	안정형 Steadiness

D의 일반적 특징은

리더십, 빠른 의사결정, 도전을 즐긴다.

자존심이 강하고 욱하는 성질, 자신의 말을 들어주지 않는 상대방과는 담을 쌓는 경우가 많다.

I형의 일반적 특징은

사교적이고 공감대를 형성하는 말솜씨로 인기가 좋고 호의적인 인상을 갖는다.

칭찬을 좋아하나 사교력이 깊은 관계를 형성하는 데 도움이 안 될 때도 있다. 이 따금 중요한 부분들을 놓친다.

S형의 일반적 특징은

타인을 지원하고 돕고 배려한다. 충성심과 조화를 추구하며 남의 말을 잘 경청한다.

갈등을 회피하므로 적이 없지만 반대급부로 표현을 잘 못하며 우유부단하다.

자신의 말을 들어주고 이해해주는 사람과 관계가 오래간다.

C형의 일반적 특징은

분석적이고 꼼꼼하다. 정밀하고 정확한 일 처리를 좋아한다. 예의에 어긋나는 사람을 싫어한다. 남이 자신에 대해 지적하는 것을 싫어한다.

완벽주의 성향으로 사교적이기보다는 외교적이고 융통성이 없으며 비판적이라는 평가를 듣기도 한다.

이들 행동 유형은 대개 한 가지만 갖는 경우는 없고 심지어 세 가지 성향을 가진 사람도 있다. 하지만 대개는 1개의 '주요한' 특징을 갖는다. 예를 들어 DI 조합은 외부 활동을 선호해서 광고나 마케팅, 관리자의 직업이 맞을 수 있다. 또한 제품/서비스 판매에도 유리한 성향으로 식당 계산대나 홀의 고객 응대, 고객 불만이 들어올 때 당황하지 않고 원만하게 문제를 해결하는 편이다. 반면 CS형은 외부 활동을 그다지 선호하지 않으며 안정적인 것을 좋아한다. 대표적으로 제품의 연구 개발이나 프로그래머가 가지면 좋을 행동 유형이다.

앞서 식당의 예를 보면, CS형은 주방에서 요리를 연구하고 만들어 내는 것을 선호할 수 있다. 회사 운영진은 구성원 간의 갈등보다는 시너지가 발생하는 조합을 만들기 위해서라도 행동 유형을 파악하는 것이 중요하다. 각 구성원도 마찬가지로 DISC 행동 유형을 이해하면 다른 사람에 대한 이해는 커지고 반목은 줄어들어 그 자체로 의미가 있다.

다함께 차차차:
공유 리더십 모델

VC(벤처 캐피털)는 투자를 고려할 때 해당 스타트업의 기술성, 시장성, 사업성, 인적 자원을 본다. 그 많은 요소 중 인적 자원 리스크를 따로 살펴보는 이유는 창업에서 리더의 중요성을 별도로 보겠다는 것이다. 돈만 투자받고 책임감 없이 방만한 경영을 할 리더인지, 사업을 건전하게 성장시키고 지속적으로 운영할 리더인지 다양한 방면에서의 역량을 보겠다는 것이다.

리더의 문제는 리더 개인만의 문제로 끝나지 않고 회사 이미지에도 심대한 영향을 끼친다. 직원에게 화살을 돌린 경우, 하인 부리듯 개인적인 일을 시킨 경우, 도 넘은 갑질을 한 경우, 도박과 같은 사행성 게임에 빠진 경우, 주가를 조작한 경우, 식음료 기업임에도 건강에 나쁜 재료를 사용한 경우 등이 최근 발생한 리더 관련 이슈들이다. 이런 일이 발생할 때마다 회사 이미지는 물론 주가도 곤두박질

쳤다. 직원들이 피땀 흘려 이룩한 회사의 성장과 이미지가 리더 한 사람 때문에 치명상을 입는 것이다. 여기에 더해 회사를 믿고 투자한 투자자들의 손해도 막심해진다. 리더 개인의 문제는 회사에 커다란 타격을 입힐 수 있다. 반면 리더가 직원과 사회에 대해 책임지는 태도, 진실성을 보인 기업들은 소비자들의 절대적 지지를 받기도 하며 실제로 업계 2위에서 1위로 올라서기도 했다. 리더는 회사를 대표하고 책임지는 자리인 만큼 기업을 이끌어갈 역량뿐만 아니라 높은 윤리적 표준을 갖추어야 한다. 즉 올바른 리더십이 그 어느 시대보다 기업의 핵심 역량으로 떠오르고 있다. 다양한 리더십에 대한 이론과 개념이 존재하는데 여기서는 최근 가장 활발하게 연구되고 있는 카리스마 리더십, 변혁적 리더십, 진정성 리더십, 공유 리더십 네 가지를 다뤄보겠다.

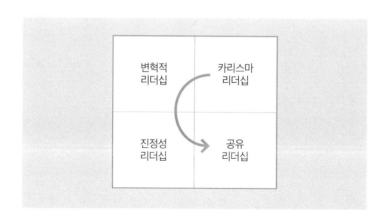

위 그림처럼 리더십은 카리스마-변혁적-진정성-공유 리더십으로

그 트렌드가 변화해왔다.

1. 카리스마 리더십Charismatic Leadership

독일의 사회학자 막스 베버가 개발한 리더십 개념이다. 지도자의 카리스마에서 권위가 파생되는 조직이나 리더십의 한 유형을 포함한다. 이것은 법적 권한과 전통적인 권한이라는 두 가지 다른 유형의 권한과는 대조적이다. 그리스어인 카리스마Charisma는 원래 '신神으로부터 부여받은 재능'을 가리키는 말로, 카리스마 리더십 스타일은 영웅적이고 신성한 기원을 가지고 있다. 전통적 또는 공식적으로 부여받은 권력이 아니라 리더가 이미 비범한 자질을 부여받았다는 부하의 인식을 바탕으로 형성되는 영향력을 기술하기 위해 이 용어를 사용한다. 카리스마 리더십은 훌륭한 의사소통, 설득 및 성격의 힘을 통해 다른 사람들에게 자신이 원하는 행동을 장려한다. 카리스마적 지도자는 추종자들에게 일을 하도록 동기부여하거나 일하는 방식을 개선하도록 동기부여를 한다.

2. 변혁적 리더십Transformational Leadership

미국의 정치학자 제임스 맥그리거 번스가 1978년 처음 사용했다. 이는 리더가 조직 구성원의 사기를 고양시키기 위해 미래의 비전과 공동체적 사명감을 강조하고 이를 통해 조직의 장기 목표 달성을 핵심으로 하는 것으로, 단기 성과를 강조하고 보상으로 부하의 동기를 유발하려는 거래적 리더십과 가장 큰 차이를 보인다.

또한 거래적 리더십이 현재 부하의 상태에서 협상과 교환을 통해 부하에게 동기를 부여하는 것이 중점이었다면, 변혁적 리더십은 부하의 변화를 통해 동기를 부여하고자 한다. 또한 거래적 리더십이 합리적인 사고와 이성에 호소한다면, 변혁적 리더십은 감정과 정서에 호소하는 측면이 더 크다.

변혁적 리더십의 특징은 다음과 같다. 첫째, 구성원을 리더로 개발한다. 둘째, 낮은 수준의 신체적인 필요에 대한 구성원들의 관심을 높은 수준의 정신적인 필요로 끌어올린다. 셋째, 구성원들이 본래 기대했던 것을 넘어설 수 있도록 고무시킨다. 넷째, 요구되는 미래 수준의 비전을 가치 있게 하도록 변화의 의지를 만드는 방법으로 의사소통한다.

이러한 변혁적 리더십은 조직 합병을 주도하고, 신규 부서를 만들어내며, 조직 문화를 새로 창출해내는 등 오늘날의 급변하는 환경과 조직의 실정에 적합한 리더십 유형으로 주장되고 있다.

3. 진정성 리더십Authentic Leadership

명확한 자기 인식에 기초하여 확고한 가치와 원칙을 세우고 투명한 관계를 형성하여 조직 구성원들에게 긍정적인 영향을 미치는 리더십이다. 2000년대 들어 엔론 사태와 같은 경영진들의 비윤리적인 사건들로 인해 신뢰할 만한 리더십이 강조되면서 등장했다.

용어 자체가 말해주듯이 리더의 진정성을 강조한다. 진정성을 의미하는 'authenticity'는 '너 자신 그대로'라는 뜻을 가진 그리스 철학에서 유래된 용어로서 성찰을 통해 자아를 인식하고 그에 기초해서 다른 사람들과 가식 없는 관계를 형성하는 것을 말한다. 이러한 특성으로 인해 진정성 리더십은 꾸밈없이 진실한지genuine, 그리고 현실real에 부합하는지에 초점을 둔다. 또 이것은 본연의 자기 모습을 인식하고 그대로 행동하는 리더십이라고 할 수 있다. 이런 유형의 리더는 다른 사람을 모방하기보다 성찰을 통해 자아를 명확히 인식한다. 그리고 주변 사람들의 기대에 부응하기 위해 자신을 포장하지 않고 자기 신념을 소신껏 실행한다.

4. 공유 리더십Shared Leadership

공유 리더십은 구성원들의 상호 영향력의 가능성을 높이며, 구성원 개인이 복잡한 과제를 수행할 때 정보 공유를 활발히 하여 몰입케 하는 유형으로 주목받고 있다. 이러한 정보를 공유하기 위해 구성원 개인의 역할을 수행함과 동시에 관리자로서의 지식과 기술이 요구되며, 또한 팀의 긍정적인 효과를 위해 리더십은 독단적 1인의 지배에 의해 이루어지는 것이 아닌 구성원들 간에 집합적이면서 비공식적으로 발휘되어야 한다고 주장한다.

공유 리더십의 구성 요소는 구성원의 역할 빈도에 따라 두 가지 유형으로 분류해서 사용하고 있으며, 다음과 같이 요약할 수 있다. 첫째, 전형적인 수직적 리더십인 지시적 리더십, 임파워링 리더십, 거래적 리더십, 변혁적 리더십 등의 문항을 팀 구성원 대상으로 변환하여 팀 내에서 수평적 리더십 발휘 수준을 분석한다. 둘째, 팀 내 모든 구성원이 리더십을 발휘한다고 전제해 팀 전체의 분산된 리더십을 측정하고자 구성원들 간의 네트워크 밀도와 집중도를 바탕으로 공유 리더십을 예측하는 형태다.

브라질너트와 아구리: 고객 상생 모델

비즈니스에서는 상호성이 원칙이다. 상호성은 보상을 서로 주고받는 긍정적인 관계Mutually Beneficial Interactions를 오래 지속시키는 중요한 요인 중 하나다. 대부분의 문의자는 자신이 원하는 부분만 요구한다. 기존 구매 고객이라고 해서 계속 구매하는 충성 고객은 아닐 수도 있다. 자신의 이익만 추구하며 제품이나 서비스는 구매하지 않는 체리피커cherry picker도 비용 발생의 적지 않은 요인이다. 체리피커들은 대개 문의만 할 뿐, 비즈니스 상대방에게 대가를 주지 않거나 미루며 심지어 필수 정보조차 제공하지 않기도 한다. 현재의 상황을 정확히 규정하고 문제를 정의해야 목표를 달성할 구체적 행동을 도출할 수 있다는 관점에서 좀 아쉬운 부류다.

이런 일들은 컨설팅, 강의, 판매, 영업 등에 종사하는 사람들에게는 익숙한 일상이다. 계약 체결이 곧 성공을 뜻하지 않으며 계약 불발이 실패를 뜻하진 않는다. 계약 불발은 계약 성사의 바탕이 되며 중요도 역시 동일하다. 왜냐하면 계약 불발이 계약 성공을 가져오기 때문인데, 계약이 불발되면 불발된 이유를 자신과 상대방 그리고 자신의 비즈니스 모델의 세 측면을 고려하여 찾고 개선하는 기회로 삼을 수 있기 때문이다. 즉 계약 불발은 계약 성사의 바탕이 되며 이렇게 개선해나가면 점점 접촉 빈도 대비 체결율이 높아지는 결과로 이어진다. 즉 초창기에는 힘겹지만 이 과정에서 자신만의 노하우가 생기고 전문가로 성장하는 경험을 하게 된다. 정반합의 구조인 것이다.

다만 비즈니스를 하는 개인에게 시간과 노력, 체력, 비용이라는 자원은 한정되어 있기에 문제가 발생한다. 이 관점에서 모든 사람에게 똑같이 시간과 비용을 투자해야 하는지, 기존의 구매 혹은 계약 체결 고객이긴 하지만 현재의 관계를 계속 유지해야 하는지, 수익은 없고 비용만 발생되는 관계인지 면밀히 따져볼 필요는 있다. 받은 것보다 좀더 주는 것은 미덕이지만 비즈니스는 상호성이 원칙이므로 불균형이 심하다면 자신도 힘들고 결과적으로 상대방에게도 좋은 서비스를 제공하기가 어렵다. 따라서 기준을 가지고 현명한 비즈니스 관계를 만들어야 상호 만족도가 높고 최적의 상태인 원원을 이끌어낼 수 있다.

다양한 비즈니스 환경에서 최적의 의사결정을 위한 좋은 기준이 있는데, 이를 2×2 매트릭스로 나타낼 수 있다.

4분면상의 요소들은 모두 중요하게 고려할 것들이다. 한정된 비즈니스 자원을 넣거나 빼는 의사결정은 상황에 따라 달라지더라도

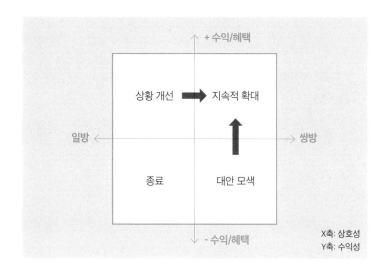

그림 우상단:
X축: 상호성
Y축: 수익성

도표 내 텍스트:
+ 수익/혜택
상황 개선 → 지속적 확대
일방 ← → 쌍방
종료　　　　　대안 모색
- 수익/혜택

4분면상 어떤 대안도 중요하지 않은 게 없기 때문이다. 이런 상황은 바다 위를 표류하는 상황에 빗대어 생각해보면 쉽게 이해할 수 있다. 바다 위 표류 상황에서 배 밑의 구멍을 막는 것과 앞으로 나아가기 위해 노를 젓는 것 모두 버릴 수 없는 행동이다.

• **지속적 확대** 브라질너트는 심은 지 몇십 년이 지나야 열매를 맺기 때문에 재배가 힘든 멸종 위기 식물로 지정되어 있다. 공처럼 생긴 브라질너트 열매 껍데기는 매우 단단해 씨앗이 퍼지기 어렵다. 이 열매의 외피를 뚫을 수 있는 동물은 해당 지역에서 아구티(쥐목 아구티과의 포유류, 몸길이 40~50센티미터)밖에 없다고 알려져 있다. 아구티는 브라질너트의 외피를 뚫고 씨앗들을 주변에 숨겨놓는데 그중 절반가량만 찾는다고 한다. 아구티가 찾지 못한 나머지 절반에서 발아가 시작된다. 아구티와 브라질너트는 서로 보상을 주고받는 긍정적 관계라

고 할 수 있다. 상호성이 일치하고 수익성이 높은 고객 관계는 모두 윈윈하는 상황으로 최선이라 할 수 있다.

• **종료** 쌍방이 도움이 되지 않고 수익성도 낮은 관계라면 서로를 위해 이제 그만 끝내야 한다.

• **대안 모색** 쌍방에게 도움은 되나 수익성이 낮다면 서로에게 이익이 되는 방안을 모색해 관계를 개선시킬 필요가 있다. 기존 제품 외에 다른 제품을 제안하는 것 등이 방법이다.

• **상황 개선** Give one more chance. 사업자만 이득을 본다거나 고객만 이득인 상황이다. 상호성이 일치하지는 않지만 수익성은 높다면 비즈니스의 기본 목적이 이윤이므로 관계는 유지하되 서로 더 많은 협조를 이끌어내 '지속적인 확대' 관계가 되기 위해 노력한다.

위 2×2 매트릭스로 현재의 고객 상황을 정의하고, 그에 맞게 고객별로 맞춤 계획을 세우며, 구체적인 실행 방안을 적용해보면서 관계의 추이를 살피면 지금보다 더 훌륭한 성과를 낳을 수 있다.

6

당신은 시작만 하면 된다: 아이디어 모델

페이스북의 창립자이자 CEO인 마크 저커버그는 아이디어와 실행의 관계를 이렇게 이야기했다.

비밀 하나를 이야기하겠다. 아이디어라는 것은 처음부터 완벽한 형태로 세상에 나오지 않는다. 아이디어는 당신이 그 일들을 시작할 때에만 비로소 명확해진다. 그러니 당신은 시작만 하면 된다. 만일 내가 시작도 하기 전에 사람들을 연결하는 모든 것에 대해 알았어야 했다면, 나는 결코 페이스북을 만들지 못했을 것이다. 영화와 대중문화는 이 부분을 잘못 받아들이고 있다. 유레카!를 외칠 정도로 단 한 번만에 이루어지는 순간은 없으며 이는 매우 위험한 속임수다. 그리고 이러한 생각은 당신 자신을 부족하다고 느끼게 한다. 왜냐하면 우리는 아직 그런 순간이 오지 않았다고 느끼기 때문이다.

이런 속임수는 좋은 아이디어의 씨앗을 가진 사람들이 시작하는 것 자체를 막는다.

유명한 저커버그의 이야기를 2×2 모델로 만들 수 있다. 이런 시도를 하는 이유는 여러분의 어떤 지식이나 전략도 2×2 모델로 표현 가능하다는 사실을 설명하기 위해서다.

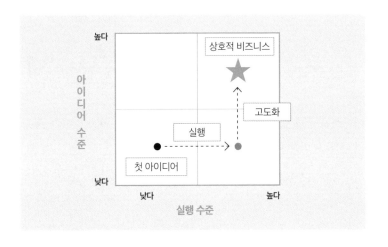

첫 아이디어는 출발점이 된다. 이 아이디어의 수준이 높고 낮음은 큰 의미가 없다. 일을 시작해야 비로소 처음의 아이디어 기획 단계에 쏟은 시간이 지나치게 길었다는 사실을 깨닫는다. 일을 잘하는 사람은 빠르게 시작하고 오래 배운다. 일을 못하는 사람은 완벽한 계획을 세우느라 더디 시작하고 잠깐 배우며 계획대로 되지 않음을 한탄하면서 포기한다.

7

이집트와 이스라엘 모두 만족시켰던 BATNA: 갈등협상 모델

갈등은 한 당사자가 관심을 가지고 있는 것에 대해 다른 당사자가 부정적인 영향을 미치거나 부정적인 영향을 미치려 한다는 것을 지각할 때 시작되는 과정이라고 정의한다. J. A. 스토너는 조직에서의 갈등을 "희소 자원이나 작업활동을 배분하게 될 때나 서로 다른 처지, 목표, 가치 등이 존재할 때 조직 내의 둘 또는 그 이상의 개인 간, 집단 간에 일어나는 불일치다"라고 정의하기도 했다.

갈등을 무조건 해소해야만 하는 것은 아니다. 갈등에는 조직의 성과를 높이는 생산적인 갈등도 있기 때문이다.

여기서 협상은 두 사람 또는 그 이상의 당사자들이 이견을 좁히기 위해 대화라는 방법을 통해 공통의 결정을 내리는 정보 교환 과정이라고 할 수 있다. 협상력은 상대방의 기대나 흥미에 긍정적인 자극을 가함으로써 상대방의 협상 조건에 대한 융통성을 극대화시

높음

조직의 성과

생산적 갈등 　　　 과다 갈등

과소 갈등 　　　 갈등 자극

낮음

낮음 　　　　　　　　　 높음

갈등의 수준

키는 능력을 말한다. 여기서 상대방의 협상 조건은 입장Position과 숨은 필요 혹은 내심의 의사Interest로 구분해야 한다. 중고차를 구매하는 사람의 입장은 이동 수단의 구매로 경제성이나 실용성을 강조할 수 있지만, 내심의 의사는 허세일 수도 있다. 상대방의 입장에 얽매이지 말고 숨은 필요를 찾는 것이 중요하다.

1967년 제3차 중동전쟁이 발발했다. 이때 이집트와 이스라엘 간에 전쟁이 벌어졌고 불과 6일 만에 이스라엘이 이집트의 시나이반도를 비롯해 가자지구, 골란 고원, 지금의 요르단강 서안 지역까지 점령하여 영토를 3배 늘리게 된다. 이 중 시나이반도는 중동 지역에서 전략적 요충지였다. UN 안전보장이사회에서는 이스라엘이 점령지에서 즉각 철수할 것을 주장하는 결의안을 택했으나 이스라엘은 이를 무시했다. 이후 양국은 휴전이라는 불안한 상태를 지속했고 이에 여러 차례에 걸쳐 평화협정을 시도했으나 번번이 무산된다. 많은 점령지 중 시나이반도의 반환 문제가 걸림돌이 되었기 때문이다. 양국은 시나이반도의 반환에 대해서는 서로 공감했으나 얼마만큼의 영토를 반환하느냐의 문제에서 이견이 발생했다. 영토를 빼앗긴 이집트는 100퍼센트 반환하라는 입장을 밝혔지만 내심의 의사는 자존심 회복이었다. 반면 이스라엘의 입장은 일부 반환이었으나 본심은 전략적 완충지대의 필요였다. 시나이반도를 전부 이집트에 반환하면 향후 이집트가 자신들을 쉽고 빠르게 침공할 가능성이 있어 시간을 벌기 위한 지역이 필요했다.

이에 당시 미국의 국무장관이었던 사이러스 밴스는 양측의 입장 말고 본심에 초점을 맞춰서 창조적 대안Creative Option을 제시했다. 즉 '이스라엘이 시나이반도를 이집트에 100퍼센트 반환하되 일정 지역에 유엔평화군이 주둔'하도록 함으로써 11년을 끌어온 양국 간의 협상은 타결되었다.

이집트와 이스라엘의 사례처럼 협상에 의한 합의가 불가능할 때는 협상 당사자 모두에게 도움이 되는 창의적인 대안이 요구된다. 이를 BATNABest Alternative To a Negotiated Agreement라고 한다.

- 승-패/패-승의 상황은 분배적 협상 전략이다. 한쪽이 가져가는 만큼 상대방이 손해를 보는 구조이며 이 경우는 고정된 양의 파이를 어떻게 나눌 것인가가 핵심이다.

- 승-승Win-Win 상황은 통합적인 협상 전략이다. 서로가 만족할 수 있는 해결책을 찾는 노력을 통해 원원하는 결과를 가져갈 수 있다. 이때 어떻게 파이를 키

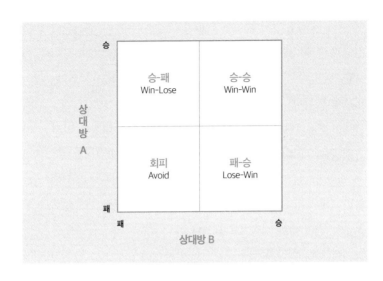

울 것인가에 초점이 맞춰진다. 상대방의 선호가 높은 쪽은 양보하고 상대에게 별로 중요하지 않은 쪽은 상대방이 양보하여 윈윈 상황을 만들 수 있다. 혹은 서로의 본심을 파악하여 제3자가 나서서 해결하기도 한다. 이집트와 이스라엘의 전쟁에서 미국이 제3자로 나서 중재함으로써 협상을 타결한 경우다.

8

상대방의 심리를 잘 아는 사람이 즐기는 파티: 설득 모델

설득은 다양한 상황에서 발생한다. 비즈니스 현장이든 인간관계든 설득은 상대방의 심리를 잘 파악하는 사람이 즐기는 잔치와 같다. 치고 빠지는 기술보다는 상대방이 어떤 성향과 상태인지 파악하는 것이 먼저이고 대응은 그다음이다. 사람들은 자신이 손해를 입는 상황에 민감하게 반응하며, 불리한 처지임을 깨닫는 즉시 상대방에 대한 신뢰가 그 전에 얼마나 쌓였든 상관없이 곧바로 사라진다. 자신에게 해를 끼치는 사람에게 흥미를 유지하면서 계속 대화를 시도하는 사람은 없다.

설득 전략의 기본은 자신의 이득이나 대안을 감추고 상대방의 입장 파악을 하는 것이 우선이다. 상대방의 요구와 욕구를 알아내기 위해서 기본이 되는 자세는 경청이다.

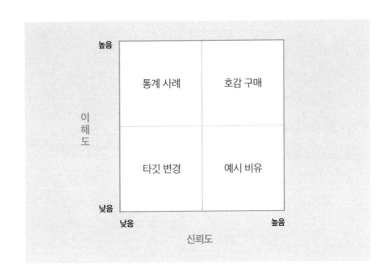

- **예시 비유** 상대방이 신뢰도는 높으나 제안에 대해 아직 이해를 못한 경우는 적절한 예시나 비유를 들어 확실히 이해하도록 한다.
- **통계 사례** 상대방이 이번 제안에 대한 이해도는 높지만 신뢰도가 낮은 경우는 공신력 있고 구체적인 사례와 통계 자료를 제시하여 신뢰도를 높인다.
- **타깃 변경** 충분한 노력을 기울였음에도 상대방이 자신에 대한 신뢰도는 물론 이해도도 낮다면 시간과 비용이 낭비되고 있는 상황이다. 서둘러 목표 고객을 변경한다.
- **호감 구매** 신뢰도와 이해도 모두 높아졌다면 자신에게 호감을 갖게 되며 이는 구매로 전환되는 동력이 된다.

9

고민은 줄이고 최선의 선택을 만드는 스마트 초이스: 절대 조건, 상대 조건 모델

우리에게는 수많은 선택지가 있다. 누구나 최선의 선택을 하고 싶어 한다. 그러나 최선의 선택인지 여부는 시간이 지나야 알 수 있다. 다른 선택지들 역시 전부 같은 시기에 같은 상황, 같은 환경에서 선택해 시간이 지나고 평가했을 때 최선의 선택이 무엇이었는지 비교할 수 있다. 사실 최선의 선택은 애초에 불가능한 일일 수 있어 접근 방식을 달리할 필요가 있다. 최선의 선택을 하기 위해 고민하기보다 선택한 것을 최선으로 만드는 게 현실적이다. 자신에게 반드시 필요한 것을 절대 기준으로 삼으면 사소하면서 고민만 가중시키는 대다수의 선택지는 제거될 것이다. 그러면 한두 가지 정도를 놓고 결정하면 된다. 절대 기준이 단순화의 매개 역할을 한다.

예를 들어 배우자를 선택할 때면 고민이 된다. 물론 당장 배우자감이 한 명을 넘어 두 명, 심지어 세 명 이상이라면 그 자체가 문제일 수는 있겠다. 그래도 가능한 일이므로 배우자 선택의 예를 들어 설명해보겠다. 절대 조건은 토너먼트와 같다. 만족하면 다음 단계로 진입하고 만족하지 못하면 제거된다. 절대 조건을 그대로 따르는데 감정은 고려 대상이 아니다. 상대 조건은 절대 조건에서 걸러진 나머지 후보들 중 최선의 선택을 위해 비교하는 기준이 되며 가중치를 부여하여 계산할 수 있다. 자세한 것은 아래 2×2 모델을 통해 이해해보자.

절대 조건이나 상대 조건은 세 가지 원리로 세울 수 있다.

첫째, 자기중심 원리-오로지 자기 관점에서만 기준 수립.

둘째, 상대성 원리-상대방이나 상황을 고려하여 기준 수립.

셋째, 균형 원리-자신과 상대방, 개인과 집단, 다양한 관계 속에서 타협점을 찾아 균형과 조화를 고려하여 기준 수립.

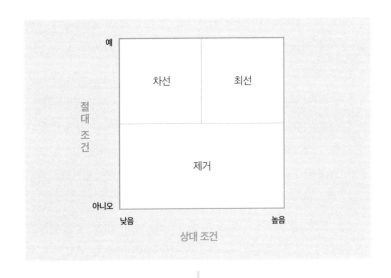

위 2×2 절대 조건-상대 조건 매트릭스에서 보듯이 절대 조건에 부합하지 않는 '아니오' 영역은 전부 제거한다. 이제 남은 차선과 최선의 두 가지 선택 영역은 자신이 선호하는 상대 조건에 의해 결정된다.

예시) 곧 초등학교에 다닐 자녀가 있는 부모의 아파트 매물 선택 시 절대 조건과 상대 조건을 아래와 같이 설정하면 막연한 고민은 없애고 자신들에게 필요한 조건을 만족시키는 의사결정을 내릴 수 있다.

1. 절대 조건
- **송파구** 타지역은 선택지에서 제거
- **역세권** 출퇴근 문제로 역세권이 아니면 선택지에서 제거
- **초등학교** 아파트 단지 내 혹은 50미터 이내 근접 거리에 초등학교가 있어야 함
- **넓이** 84제곱미터 이상, 따라서 79제곱미터까지는 선택지에서 제거

2. 상대 조건
- 고층보다 저층, 저층일수록 가중치 부여
- 재건축 가능성 정도가 높을수록 가중치 부여
- 오래된 건축보다는 신축일수록, 즉 아파트 준공 연월이 최근일수록 가중치 부여
- 복도식보다는 계단식에 가중치 부여

후보 아파트		아파트 A	아파트 B	아파트 C	
절대 기준		3개 기준 중 1개라도 'No'가 포함된 선택지 제거			
1	송파구	O	O	O	
2	역세권	O	X	O	
3	초등학교	O	X	O	
4	평형	O	X	O	
상대 기준		문항별 가중치 / 1점~5점			가중치
1	층수	3	5	1	20%
2	재건축	5	3	4	10%
3	구축, 신축	2	4	5	0%
4	복도식, 계단식	3	2	3	-10%
5	편의 시설 거리	3	3	3	-20%
	합계	16	17	16	
최종 선택	가중치 적용	16.2	17.5	15.7	

아파트 A로 최종 선택

• 쇼핑몰, 대형 마트 등 편의 시설 거리가 가까울수록 가중치 부여

위 표는 앞선 아파트 구매 선택 시 절대 기준과 상대 기준으로 나타낸 것이다. 절대 기준에서는 단 하나의 항목이라도 부적합하면 선택지에서 제거한다. 절대 기준에 의거해 후보 B 아파트는 탈락했다. 상대 기준은 최저 1점부터 최고 5점까지 점수를 매기고 여기에 가중치를 부여하여 계산했다. 단순 합계에서는 후보 아파트 A와 후보 아파트 C가 동점이었으나, 가중치를 적용하여 계산했더니 최종 후보 A가 선택되었다. 여기서 상대 기준 다섯 가지 중 자신이 가장 중요하다고 생각하는 문항에 가장 높은 가중치를 부여할 수 있다. 예를 들어 이 표에서는 층수, 재건축 가능성 정도를 각 20퍼센트

와 10퍼센트로 설계했고 편의 시설까지의 거리를 덜 중요하게 봐서 −20퍼센트 가중치를 설정하여 계산했다. 가중치는 문항당 50퍼센트, 40퍼센트, 30퍼센트, 20퍼센트, 10퍼센트로 설계하는 등 중요도에 따라 자유롭게 설정한다. 또한 각 문항에 대해 5점 척도로 했지만, 고려할 요소가 많거나 적으면 7점 척도 혹은 3점 척도 등 자신의 선택 상황에 맞게 조절해서 적용한다.

사무실을 구할 때도 마찬가지로 지역과 사무실 면적, 층수, 출퇴근 거리 등을 자신의 상황과 환경에 맞게 절대 기준과 상대 기준을 세워 계산할 수 있다.

대개 1금융권에서 대출받을 때 직장 또는 소득 증빙은 필수 사항이다. 소득을 증빙할 자료가 없다면 대출 자체가 불가능하다는 점에서 절대 기준이다. 좋은 직장일수록, 급여액이 높을수록, 근속 연수가 오래될수록, 직급이 높을수록, 여러 곳에서 신용 조회를 하지 않았을수록, 연체 없이 잘 갚아왔을수록 대출받을 수 있는 금액도 커질 것이다. 이런 조건들은 은행이 고객의 등급을 분류하는 대표적인 상대 조건이다.

10

당신도 히어로가
되는 방법

히어로는 "여러 방면에서 특히 용맹하고 뛰어난 담력을 지닌 인물"
이라는 뜻으로 동양적 사고가 담긴 『주역』에서도 자주 등장한다. 히
어로, 즉 영웅 하면 용맹하고 전쟁에 능한 카리스마 있는 장수나 왕
의 이미지가 떠오른다. 흥미롭게도 동양 사상의 관점에서 보면 무력
이 뛰어난 사람뿐만 아니라 새로운 관점에서 히어로를 정의하고 있
다. 서양 사상의 관점에서는 적이 왔을 때 무찌르는 등 특정 시기의
전형적인 히어로를 이야기한다면, 동양 사상에서의 히어로는 특정
시기가 아닌 생애 주기별 요건을 갖추면서 단계적이고도 점진적인
성장을 통해 히어로로 완성되는 관점으로 설명한다. 동양 사상에서
말하는 인생 주기별 히어로의 조건은 다음과 같다.

1. 유년기의 히어로: 0세~10대 후반, 지식의 습득기

갓난아기부터 16세까지이나 현대에 와서는 청소년기를 포함하는 대략 20세까지를 유년기라 정의한다. 유년기에는 글을 좋아하는 사람을 히어로라 칭한다. 육체적 우월함을 나타내는 사람이 히어로가 아니라 자신이 좋아하는 분야의 축적된 지식과 경험을 습득하기를 좋아하는 사람이 바로 유년기의 히어로다. 셀 수 없이 자극적인 오락거리가 많은 요즈음, 자신의 미래를 위해 자제하고 학습에 정진하여 준비를 하는 시기다.

2. 청년기의 히어로: 20~30대, 지혜의 습득기

20~30대를 청년기라 정의한다. 이 시기는 혈기 왕성해 무서울 게 없는 나이다. 그러나 힘이 넘치는 나이임에도 불구하고, 먼저 경험을 쌓고 지혜를 얻은 사람으로부터 배우려는 겸손한 자세, 어느 분야든 열심히 갈고닦아 존경받는 사람, 즉 전문가나 장인을 공경하고 배움을 갈구하는 사람이 청년기의 히어로다. 관심 분야의 지식을 겸비하고 머리를 숙여 겸손하게 조언과 도움을 청하는 사람에게 마음을 열지 않는 스승은 없다.

3. 중년기의 히어로: 40~60대, 통섭의 습득기

40~60대를 중년기라 정의한다. 보통 이 나이 대에 들어서면 자기 분야에서 전문가가 되어 유의미한 결과를 얻는다. 그러나 자기 분야만 고집해 스스로의 아집과 자아도취에 빠지기도 쉽다. 현대에는 오로지 한 분야에서 가치를 만들어내기가 어렵다. 농업, 수산업

등 1차 산업조차 4차 산업혁명의 핵심인 빅데이터, 인공지능 등 디지털 트랜스포메이션 기술과 융합하여 가치 폭발을 이뤄내는 시대다. 융합형 인재의 중요성이 절실해진 것이다. 따라서 자기 분야를 뛰어넘어 두루두루 지식과 교류를 넓히는 사람, 다양한 분야를 묶어 더 큰 가치를 창출하는 통섭 단계에 접어드는 사람이 중년기의 히어로다.

4. 노년기의 히어로: 70~80대, 베풂의 시기

70~80대를 노년기라 정의한다. 노년기에는 자신이 이룬 지식과 경험을 후세대에 전해서 더 큰 다음 단계의 성숙을 이룬다. 이 시기에는 아직 힘이 미약하지만 차세대에 가능성 있는 인재를 찾고 그 사람들의 성공 및 성장을 돕는다. 무한한 가능성을 가졌지만 기술적, 재무적으로 제약이 있는 젊은이들을 도와 잠재력 있는 씨앗이

인생 주기별 히어로가 되는 방법

유년기 지식의 습득	소년기 지혜의 습득
중년기 통섭의 습득	노년기 베풂의 실행

미래의 거목으로 자라도록 보살피는 것이다. 낙엽은 떨어져서 씨앗을 보호하며 거름이 되듯이 다음 세대를 이끌어갈 이들을 보호하고 양육해줄 수 있는 사람이 노년의 히어로다. 이로써 새로운 성장의 사이클이 후세대로 연결된다. 이렇게 보호받은 씨앗은 이듬해에 아름답게 피어날 수 있다.

우리는 이렇게 학습(유년기)하고 성공(청년기)하고 성장(중년기)하며 성숙(노년기)의 단계를 거쳐 진정한 히어로가 될 수 있다.

역량을 모델화하기

4장

만약 당신이 꿈을 꿀 수 있다면, 그것을 이룰 수 있다. 언제나 기억하라. 이 모든 것이 하나의 꿈과 한 마리의 쥐로 시작되었다는 것을. _월트 디즈니

1

당신의 꿈을 이루는 방법: ACT 방정식

'1만 시간의 법칙'은 말콤 글래드웰이 자신의 저서 『아웃라이어』에서 앤더슨의 연구를 인용하며 용어를 사용함으로써 대중에게 널리 알려졌다. 한 분야의 전문가가 되려면 최소한 1만 시간이 필요하다는 법칙을 말한다. 다만 각기 처한 환경이 다르고 분야마다 전문성을 쌓는 기준이 다르므로 일률적으로 1만 시간의 법칙을 적용하기는 무리라는 비판이 제기된다. 그러나 여기서 주목할 점은 따로 있다.

1만 시간을 투입했음에도 성공하는 사람과 실패하는 사람이 존재하는데, 이렇게 극명하게 차이 나는 이유는 무엇인가? 이 점을 ACT 방정식을 통해 규명할 수 있다. 심지어 성공을 훨씬 앞당기는 사람과 성공은커녕 시간만 허비하고 별 성과 없이 포기하는 사람과의 차이 또한 이 ACT 방정식에서 설명된다.

먼저, ACT 방정식은 세 가지 요소로 구성되어 있다.

의지와 경쟁력을 발휘한 1만 시간

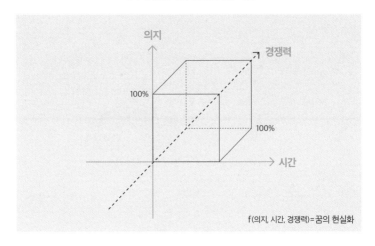

f(의지, 시간, 경쟁력)=꿈의 현실화

1. 시간Time

2. 의지Attention

3. 경쟁력Competency

시간의 기준은 1만 시간이다. 의지는 집중력, 주의력과 같은 표현으로 이해할 수 있으며 경쟁력은 타고난 재능이나 두뇌를 나타낸다. 먼저 시간과 의지의 관계는 아래 표와 같다.

총량 100이 나타내는 것이 목표 성과라고 할 때, 이 목표에 도달하는 경우의 수를 표현한 것이다.

표에 의하면 A는 10년 만에 목표치인 총량 100에 도달했고, B는 5년 만에 그리고 C는 1년 만에 도달했다. 무엇이 이들 간에 격차를 만들어냈을까? 성공과 실패를 지배하는 것은 의지다. 1만 시간의 법

구분	시간		의지		총량
A	10년	×	10	=	100
B	5년	×	20	=	100
C	1년	×	100	=	100
D	20년	×	5	=	100

*1만 시간=4시간×주5일×4주×12개월

칙에서 말하는 시간이 아닌 것이다. 목표를 달성하고 꿈을 이루기 위해서는 시간만 채워서는 곤란하다는 것이 ACT 방정식이 전달하는 핵심이다. 해당 시간 동안 집중력에 따라 결과는 판이해진다. 기왕 시작할 거라면 빠른 목표 달성이 유익하다. 반면 의지가 약하다면 D처럼 20년 동안 하더라도 목표에 도달한다는 의미는 아니다. 너무 긴 시간이 걸린다면 해당 분야의 변화조차 따라잡기 버겁다. 따라서 포기로 이어질 확률만 높아진다.

여기서 역량을 기본으로 하는 경쟁력(핵심 역량core competency)이라는 요소를 추가하면 시간은 더 단축되는 반면 성과는 더 높아진다. 앞서 경쟁력은 타고난 재능이나 두뇌라고 정의했지만 누구나 개발 가능한 영역이다. 하루에 글을 30분씩 한 달만 써도 글쓰기 근육이 생기듯 재능과 두뇌도 적절한 노력과 의지로 지금보다 훨씬 더 높은 수준으로 개발할 수 있다. 처음부터 특출난 재능은 없었더라도 적절한 시간과 성공에의 의지를 담은 집중력을 발휘한다면 기대 이상의 성과와 함께 꿈을 이루는 시기도 앞당길 수 있다는 것이다.

의지는 당신이 좋아하는 일보다는 잘하는 일을 선택했을 때 지속되며 커진다. 의지는 성과를 먹고 자라기 때문이다. 연애 초창기의 설렘도 익숙함으로 바뀌어가듯 일 역시 마찬가지다. 너무 오래 걸리면 포기하게 된다. 당신이 잘하는 분야를 선택해야 지속할 수 있는 이유다. 잘하는 일을 선택하고 목표 달성 기간까지 결정했다면 이제 더 집중할수록 좀더 빠르게 목표에 도달할 수 있다.

잘하는 일로 우선순위를 정해 크든 작든 빠르게 성과를 내어 효능감을 높여가는 방식이 지속하는 힘을 준다. 우선순위를 정하는 일은 종종 과거부터 해온 방식을 바꿔야 함을 뜻하기도 한다. 생각과 전략, 계획이 있어도 행동하지 않으면 꿈은 이뤄지지 않는다.

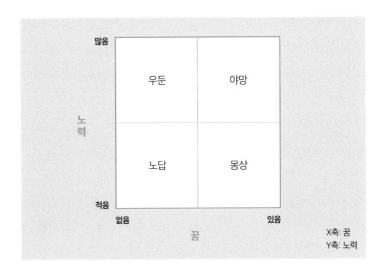

X축: 꿈
Y축: 노력

• **몽상** 꿈은 있으나 노력이 없는 경우. 성공한 남들처럼 훌륭한 운동선수가 되고 싶거나 유명한 트로트 가수가 되고 싶어하지만 실제 노력은 하지 않는다. 자기 자신의 강점을 빨리 파악해서 잘할 수 있는 요소를 정하고 매진하여 꿈을 이루

려는 노력이 필요하다.

- **야망** 꿈을 꾸며 노력하는 경우. 상당 기간 꾸준히 노력하여 이루게 된다.
- **우둔** 노력은 하나 꿈이 없는 경우. 축구 선수가 되고 싶은데 농구 연습을 열심히 하는 것과 같다. 꿈은 지향점이라서 꿈이 없으면 방향을 잃게 되고 노력에 대한 결과를 얻지 못한다. 행동Do보다는 생각Thinking이 먼저 필요하며 자신이 가지고 있는 시간과 노력을 좀더 효율적으로 활용하는 것이 요구된다.
- **노답** 꿈도 노력도 없는 경우. 방황만 하다가 자포자기하게 된다.

도전과 변화의
3C 모델

장산곶매는 1년에 딱 두 번 사냥을 나가는데 떠나기 전날 밤 부리질을 하여 자신의 둥지를 부순다고 한다. 목숨을 건 사냥에서 약한 마음을 버리고 혼신의 힘을 다해 싸울 기세를 점검했던 것이다. 이처럼 도전은 기다리는 게 아니라 선제적으로 찾고 맞닥뜨려서 더 큰 기회를 스스로 만드는 것이다. 기업이든 개인이든 현재 성과가 있다고 해서 안주한 채 변화하지 않는다면 도태되고 만다. 자신이 가만있을 동안 다른 개인과 기업은 끊임없이 성장하기 때문이다. 변화하지 않고 도전하지 않아서 도태된 기업의 사례는 셀 수 없이 많다. 1990년대의 혁신적인 검색 엔진이었던 내비게이터는 야후에 의해 대체되었고 야후는 구글에 자리를 내주었다. 구글이라고 승승장구만 하는 것은 아니다. 2011년 페이스북처럼 되길 꿈꾸던 SNS 서비스인 구글플러스는 구글의 수많은 도전과 시도에도 불구하고

2019년 결국 두 손 들고 서비스 종료를 선언했다. 구글이 구글플러스를 세상에 내놓았을 때 페이스북의 마크 저커버그는 록다운lock down을 선언할 만큼 위협을 느꼈다. 그도 그럴 것이 당시 구글의 매출은 페이스북의 15배를 넘었고, 지메일과 유튜브 사용자 수만으로도 페이스북을 단번에 넘어설 거라는 기대감이 팽배했기 때문이다. 그런데 페이스북보다 더 복잡한 인터페이스가 결국 덜미를 잡았다. 구글은 이외에도 가상현실VR 기술과 인공지능AI을 결합시킨 로봇 전문 기업도 소프트 뱅크에 매각하는 등 수많은 실패를 경험했다. 그러나 구글은 검색 엔진이라는 캐시카우cash cow를 보유했고 이를 바탕으로 다양한 산업에 도전하여 얻은 경험, 지식으로 영역을 넓혀가고 있다. 구글의 도전은 현재까지도 성공적이다. 세계 10대 기업 시가 총액에서도 애플을 제외하고는 늘 2~3위를 기록하고 있다. 구글은 검색 시장에서는 초일류이지만 나머지 시장에서는 신규 진입자에 가깝다. 광고 시장에서는 페이스북과 아마존이 버티고 있고, 스마트폰 시장에서는 애플과 삼성, 통신 서비스에서는 AT&T와 버라이즌이라는 거인들이 있다. 이외에도 스마트와치나 항공권 검색, 보험 검색 서비스 등 다양한 도전을 준비하고 있다. 당장은 신규 사업자이지만 기존의 선도 기업을 부수고 역전을 노리는 것이다.

시장은 혁신에 의해 판도가 바뀌어왔고 그 승자들이 해당 산업의 과실을 독점하다시피 해왔다. 사람들의 니즈와 만족을 넘어 새로운 니즈를 창조하는 혁신적 인재나 기업이 세계를 이끌 것이다. 애초에 돌아갈 곳을 없애버린 장산곶매의 생명을 건 도전 정신이 떠오른다.

3C(Challenge‐Change‐Chance). 도전하는 사람만이 변화를 맞

는다. 기회 역시 변화에서 찾아온다. Change에서 g를 c로 바꾸면 기회Chance가 된다. 예술적인 변화다.

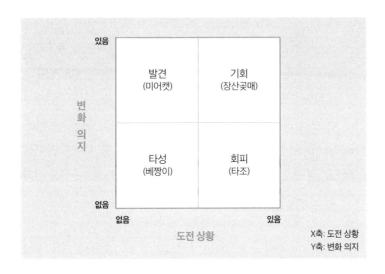

- **발견** 어려운 도전 상황은 없으나 변화 의지가 강하다면 새로운 기회를 발견하기 위해 또 다른 시도가 필요한 시점이다. 여러 선택 대안을 검토해볼 필요가 있다.
- **타성** 도전할 의지도 변화할 의지도 없는 나태함이 굳어진 상태. 지금 상황에 대한 문제 인식이 먼저다.
- **회피** 타조는 위협 상황에서 머리를 땅으로 처박는다. 어려운 상황(도전)을 극복하려는 강한 의지가 필요하다.
- **기회** 도전 상황이 닥쳤을 때 강력한 변화 의지로 기회를 낚아챈다. 선택한 전략을 수행하기 위해 명확한 행동 계획과 의지를 세운다.

카피 불가:
핵심 역량 모델

핵심 역량Core Competency은 1990년 게리 하멜 교수와 C. K. 프라할라드 교수에 의해 발표된 개념이다. 핵심 역량은 여러 제품에 활용할 수 있는 역량이나 노하우의 다양하고 복잡한 묶음을 말한다. 복잡한 묶음이므로 경쟁자가 쉽게 따라오지 못한다. 좀더 자세히 설명하자면, 소비자들에게 특별한 혜택benefit을 제공하는 기술이나 지식의 묶음bundle이다.

예를 들어 다국적 기업인 SKF는 정밀한 볼 베어링을 제조한다. 이 베어링은 모든 기계에 적용 가능하며 심지어 우리가 사용하는 볼펜의 끝에 달려 있는 구슬도 이 회사의 제품이다. 이 볼 베어링을 만들기 위해서는 정밀한 가공 기술과 완벽한 구형금속절삭 기술 그리고 마찰 조절 능력 기술의 묶음이라는 핵심 역량이 뒷받침되어야 한다.

OLED 기술도 TV뿐만 아니라 스마트폰, 태블릿, 각종 스크린 등에 전부 활용 가능한 핵심 역량이다.

예컨대 소니는 간편한 휴대성이 고객에게 주는 혜택이고, 핵심 역량은 소형화 기술이다. 이 기술은 다른 모든 전자기기에 활용 가능한 능력이다. 페덱스는 정시 배달On-time delivery이 고객에게 주는 혜택이고, 핵심 역량은 물류관리 기술Logistics Management이다. 월마트도 다양한 선택과 저가라는 혜택을 주면서 역시 물류관리 기술이 핵심 역량이다. 아메리칸 에어라인은 예약 전산 시스템, 정보 서비스의 핵심 역량을 통해 가장 빠르게 고객을 확보했다. 코닝Corning은 유리 제품의 엄청난 성공으로 시장 다각화 전략을 구사했고 축적된 기술 노하우로 의료 관련 서비스 산업에도 진출하여 성공했다.

하나의 제품만 만드는 데 특화된 능력은 그 제품까지만 가치를 발휘할 수 있지만 핵심 역량은 제품 하나뿐만 아니라 그다음 제품, 그다음 시장에까지 영향을 미친다. 따라서 제품보다는 역량 관리에 중점을 두어서 전략을 개발하고 실행해야 미래에 대비할 수 있다.

여기서 중요한 점은 소비자가 편하거나 좋다고 느끼지 못하면 핵심 역량이 아니라는 점이다. 빠른 기술의 변화와 경쟁으로 앞날의 예측은 점점 어려워지고 있다. 기업 외부 환경에 집중하던 기존의 경영 전략보다는, 기업의 내부 역량을 강화하는 것이 경쟁에 유리하다. 결국 기업 내부에서 성공의 원천을 찾으려는 노력을 해야 한다. 이제는 사업과 사업이 경쟁하는 시대가 아니라 기술의 융합 대 기술의 융합이 경쟁하는 시대다. 따라서 사업부 단위의 관리가 아니라 전사적 차원의 관리가 필요하며 직원과 최고 경영자는 한목소리를 내야 한다.

미래 경쟁은 제품 대 제품의 경쟁이 아니라 핵심 역량 대 핵심 역량의 대결이 될 것이다. 제품은 한 번 이겨도 두 번 이긴다는 보장이 없다. 미래는 아무도 모른다. 과감하게 전략을 정하고 투자해야 한다.

회사의 경쟁 우위와 지속적인 성장을 보장하는 핵심 역량의 네 가지 조건은 다음과 같다.

1. **고객 혜택** 고객이 확실하게 느낄 만한 혜택을 제공할 수 있어야 한다. 한정된 예산으로 자동차를 구매하는 대다수의 고객은 저렴한 차량 가격을 지불하고 탁월한 연비와 낮은 소음을 요구한다. 폭스바겐 파사트와 혼다 어코드는 이런 고객의 욕구를 이해하고 충족시켰다.
2. **차별성** 경쟁사와 확실히 비교되는 높은 혜택을 고객에게 제공해야 고객의 눈에 띄는 차별성을 구축할 수 있다.
3. **다양한 제품과 분야에 적용 가능** 하나의 제품이 아니라 다양한 제품과 시장에 적용할 수 있어야 한다.
4. **생산 능력** 소비자가 원하는 요소를 반영한 최종 결과물을 생산할 수 있고 이를 고객에게 전달할 수 있어야 한다.

이 네 가지는 경쟁사보다 잘하면서 고객에게 명확한 혜택을 전달할 수 있어야 하므로 쉽지 않다. 무엇보다 고객이 혜택이라고 느끼고 이해할 수 있어야 핵심 역량을 가치로 전환하는 게 가능하다. 핵심 역량은 경쟁자와 다른 산업 분야까지 고려할수록 정교해진다.

핵심 역량은 지속적인 경쟁 우위를 제공하는 원천으로서 현재를 미래의 기회로 연결해준다. 이런 점 때문에 수십 년간 핵심 역량은 경영 전략에서 매우 중요하게 다루어져왔다.

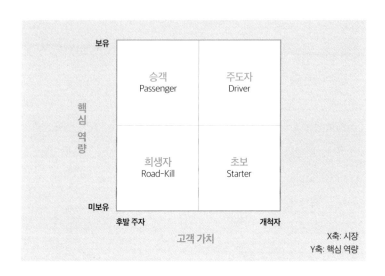

- **주도자**Driver 운전대를 쥔 드라이버-스스로 운명과 미래 성장을 준비하는 개척자다.
- **승객**Passenger 늦었지만 리더들이 가는 길을 따라가는 기업을 패신저(승객)라고 한다. 주도적인 회사의 전략에 편승하여 사업을 영위하지만 정작 자기 운명은 제어하지 못한다. 벤치마킹은 훌륭한 전략이지만 잘해봐야 1등이나 2등을 따라가는 수준에 그친다. 결국 새로운 길을 개척해야 일류가 된다. 남들이 가지 않은 새로운 길을 개척하는 것이 여기서 말하는 진정한 전략의 의미다.
- **로드킬**Road-Kill 두려워서 현실에만 안주하면 위험이 난무하는 시장이라는 고속

도로에서 희생자가 될 뿐이다. 전략에 실패하면 도태된다.

- **초보**Starter 시장의 개척자가 되기 위해 출발한 당신을 가리킨다. 당신은 개척자가 될 것인가, 추종자가 될 것인가? 게리 하멜은 드라이버가 되어 운전대에 앉으라고 강권한다. 드라이버가 되기 위해서 우리는 어떤 생각과 행동을 해야 하는가? 어디에 우리의 시간과 관심을 더 많이 쏟을 것인가는 중요한 물음이다. 어떻게 하면 회사의 모든 구성원이 창의적이고 혁신적인 사고를 할 수 있는지에 대한 해답을 찾는 데 다음의 질문들이 도움을 줄 것이다.

- 당신의 목표 시장은 어디인가?
- 당신의 핵심 고객은 누구인가?
- 당신의 경쟁 상대는 누구인가?
- 당신의 경쟁 우위는 어디서 나오는가?
- 당신의 주요 수익 원천은 무엇인가?

핵심 역량을 만드는 방법은 세 가지다. 지금 하는 일을 더 잘하는 것보다 남들이 가지 않은 길을 먼저 가서 개발하는 것, 현재 조직의 개선보다 회사의 미래를 구상하는 데 더 많은 시간을 할애하는 것, 기존 시장 내에서의 경쟁 강화가 아닌 당신 회사만의 경쟁 우위 요소를 새롭게 발견하는 것. 이 세 가지에 더 많은 시간을 쏟아붓는 기업이 생존을 넘어 미래 성장을 이루어낼 수 있다.

성공은
빠른 순서대로:
선착순 모델

선착순 모델은 민첩성과 퍼스트 무버First Mover(개척자) 효과로 설명할 수 있다.

먼저, 민첩한 사람은 기회가 왔을 때 빠르게 포착한다. 신입사원을 선발할 때는 일정한 기준을 충족시켰다면 선착순으로 빠른 사람을 선발하는 게 유리하다. 신입사원 선발 기준이 선착순은 아니지만 모집 공고가 나자마자 서둘러 지원하는 민첩한 사람일수록 간절함이 높기 때문이다. 이렇게 간절한 사람은 조직에 대한 적응도와 충성도도 높게 나타난다. 반면 A 대안과 B 대안 사이에서 고민하는 사람은 조직의 새로운 구성원이 되어도 또다시 새로운 기회를 찾고 저울질한다. 따라서 조직 입장에서 보면 역량은 높지만 이직이 잦은 사람보다는 역량은 평균적이지만 간절한 사람을 선발하는 것이 통계상 유리한 측면이 있다.

변화의 측면에서도 민첩함이 중요하다. 기술만의 시대는 저물어가고 있고 지금은 기술과 속도의 시대다. 어제 보낸 편지가 일주일 후에 도착한다면 만족할 사람은 없다. 실제 메시지를 전달하는 데는 1초도 걸리지 않는다. 글자뿐만 아니라 이미지나 영상의 전달(전송)도 마찬가지다. 메시지의 전달이 왜 빨라야 하는지 과학적 근거는 중요하지 않다. 단지 고객들은 느린 것과 빠른 것 중 후자를 선택한다는 사실만 존재할 뿐이다. 따라서 고객 만족도를 극적으로 높이려면 고객이 원하는 재화(제품, 서비스)를 경쟁자보다 빨리 전달하면 된다. 고객의 니즈도 빠르게 변한다. 변화된 니즈를 빠르게 탐색하고 대응하는 것도 재빨라야 한다. 따라서 고객 만족도를 좌우하는 신속함은 개인이나 조직에게는 필수 역량인 시대다.

비즈니스 현장에서도 일단 출시하고 수정 보완해나가는 애자일 agile 방식이 널리 선호되고 있다. 시장성과 사업성이 있는 아이디어라면 여러 단점이 존재하더라도 서둘러 출시(실행)하는 것이 유리하다. 이 점을 선착순을 설명하는 두 번째 포인트인 퍼스트 무버 효과로 설명할 수 있다. 이 퍼스트 무버 효과는 경영이나 마케팅 전략 측면에서 특히 중요한 개념이다. 퍼스트 무버는 해당 산업에서 재화(제품 혹은 서비스)를 최초로 출시하여 경쟁 우위를 점하는 개척자를 말한다. 퍼스트 무버는 여러 위험에도 불구하고 해당 산업에서 1위에 올라 강력한 브랜드 인지와 고객 충성도를 선점할 수 있다. 온라인 서점을 표방한 아마존이나 온라인 경매 서비스 제공 기업인 이베이 등이 대표적으로, 이들은 자신이 속한 산업에서 글로벌 리더가 되었다. 퍼스트 무버에게는 후속 경쟁자들의 복제 위협이 뒤따르지만, 가치사슬상의 공급자들과 독점적 계약, 산업 표준(삼성전자는 반도체에서 세계적 표준을 보유하고 있다)을 정하면서 시장을 효율적으로 장악하여 엄청난 성장을 이룰 수 있다. 이에 반해 팔로어Follower는 경쟁이 커지고 이윤은 적은 시장에서 고군분투해야 한다. 퍼스트 무버는 단지 기업적 측면에서만 유리한 것은 아니다.

민첩성과 퍼스트 무버 효과로 설명한 선착순 모델을 2×2 매트릭스로 표현할 수 있다.

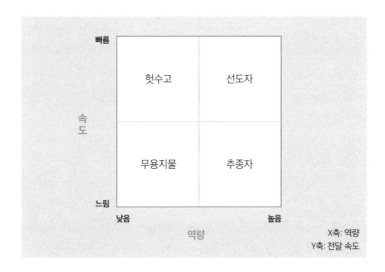

X축: 역량
Y축: 전달 속도

퍼스트 무버(선도자)라도 꾸준한 투자와 노력을 하지 않는다면 마켓 리더의 자리를 유지하는 것이 쉽지 않다. 지속적인 기술 향상과 고객과의 접점을 계속 만들어서 성장해야 한다. 제품을 생산해 시장에 가장 빨리 진출했음에도 성공한 마켓 리더로서 자리를 지키지 못한 사례는 수없이 많다.

섬유세제는 레이클러 사가 제품을 처음 만들어서 퍼스트 무버였지만 지금은 타이드 사가 마켓 리더 자리를 차지하고 있다. 기저귀도 척스 사가 원조였지만 지금은 P&G가 선도 기업이다. 시리얼도 그래눌라 사가 시작이었지만 지금은 켈로그가 1위 기업이다. 과일통조림 시장도 리비사가 처음 시작했지만 지금은 델몬트 사가 시장의 리더다. 타이어 산업에서도 하트퍼드 러버 웍스에서 지금은 굿이어가 퍼스트 무버를 넘어 시장의 성공한 리더가 되었다. 이처럼 퍼스트 무버가 반드시 자리를 지키는 것은 아니며 때때로 쉽게 잊히기도 한다.

역량도 없이 속도만 내면 헛수고가 되고, 역량과 속도 모두 없다면 무용지물이 되고 만다.

5

경쟁에서
살아남는 열쇠:
긍정심리자본 모델

'어떻게 하면 개인이나 기업이 글로벌 경쟁에서 살아남는 것을 넘어 경쟁 우위를 점할 수 있을까'라는 물음에 대해 긍정심리자본 모델에서 그 해답을 찾을 수 있다. 프레드 루당스 등의 『긍정심리자본』에 따르면, 심리 자본은 인적 자본이나 사회적 자본과 같은 자본이며 도리어 이 둘을 뛰어넘는 자본이라고 설명한다. 긍정심리자본은 부진과 실패, 부정적인 주변 환경을 극복하고 더 높은 수준의 역량 및 상호관계, 안녕을 경험하게 한다. 긍정심리자본은 '당신이 누구를 아는지' '당신이 아는 지식은 무엇인지'를 넘어 '당신이 누구인지, 당신은 어떻게 변할 수 있는지'와 같은 발전적 관점에 초점을 두기 때문이다. 무엇보다 인적 자본과 심리적 자본에서 간과하는 심리 수용력을 통해 설명한다는 점이 흥미롭다.

긍정심리자본Psy cap, Psychological Capital을 설명하는 네 가지 독특

한 특성이 있다.

1. 희망 Hope
2. 효능감 Efficacy
3. 복원력 Resilience
4. 낙관주의 Optimism

이 네 가지 특성을 HERO라고 표현하기도 한다. 그러면 HERO 각각의 특성을 살펴보자.

1. 희망

미국 캔자스대학의 임상심리학 교수였던 C. 릭 스나이더에 따르면 '희망은 긍정적인 동기부여 상태', 즉 희망이라는 성공적인 의지, 목표를 향한 에너지와 성공적인 경로, 목적 달성을 위한 계획이 상호

작용하여 파생된 인지에 기반을 둔 긍정적 동기부여 상태를 말한다. 희망을 의지력willpower과 진로력waypower으로 설명하기도 한다. 즉 희망은 난관에 빠졌을 때 낙담하는 것이 아니라 희망하는 목적지로 갈 수 있는 대안 경로를 다시 만들어낼 능력이라고 봤다.

2. 효능감

스탠퍼드대학의 심리학부 명예교수인 앨버트 반두라는 효능감을 '주어진 환경에서 하나의 특정한 일을 성공적으로 실행하기 위해 필요한 행동의 진행과 인지적 자원, 동기부여를 결집할 수 있는 한 사람의 능력에 관한 확신 또는 자신감'으로 정의했다. 자기 효능감이 높은 사람은 도전이 되는 일을 스스로 찾아내 자발적으로 선택하며, 더 높은 목표를 설정하고 꾸준히 도전한다. 긍정심리자본에서 효능감이 높은 사람은 비판이나 방해, 좌절, 반복적인 실패, 주변 사람의 의심에 거의 영향을 받지 않는다.

3. 복원력

매스텐과 리드Masten&Reed에 따르면 복원력은 '아주 큰 역경 또는 난관에서 긍정적인 적응 행태'로 정의한다. 즉 다시 일어서려는 힘, 이상으로 나아가려는 의지, 역경을 극복하는 힘, 역경과 고난을 긍정적으로 바라보는 것을 의미한다. 매스텐과 리드는 술과 마약 남용, 폭력으로 입은 외상, 스트레스와 신경쇠약, 실직, 건강 악화 등이 복원력 발전의 위험 요소라고 봤다. 누구나 위험 요소로부터의 100퍼센트의 회피는 불가능하다. 도리어 이런 어려움들은 자기 성장을 위해 필요하다. 아볼리오와 루당스는 복원력이 강한 진실한 리더는 현재의 자신을 밝은 미래의 자신에 투영한다고 했다. 복원력은 발전을 추구하는 개인의 긍정적인 심리 상태인 긍정심리자본을 형성하고 상대방의 욕구를 충족시키며 해결하는 데 기여한다.

4. 낙관주의

여기서 말하는 낙관주의는 '부정적인 것들보다 긍정적인 결과가 미래에 더욱 많이 발생되기를 기대하는 일반적인 경향' 같은 전통적인 관점을 넘어선다. 미국심리학회 회장을 역임한 마틴 셀리그먼은 낙관주의와 비관주의를 다음과 같이 비교하여 설명했다.

낙관주의는 '긍정적인 사건을 개인적, 영구적, 확대적 상황이라고 인식하고 비관적인 사건을 외부적, 일시적, 특수적 상황이라고 인식하는 것'인 반면, 비관주의는 '긍정적 사건을 외부적, 일시적, 특수적 상황이라고 인식하고, 비관적 사건을 개인적, 영구적, 확대적 상황이라고 인식하는 것'이라고 정의했다. 즉, 낙관주의자는 부정적인 사건이 일어난 것은 오로지 자기 탓이고 자신이 제어 가능한 범위 안에 있다고 믿으며 미래에도 이런 일들이 끊임없이 일어나리라고 믿는다.

긍정심리자본과 이를 이루는 희망, 효능감, 복원력, 낙관주의의 네 가지 요소를 통해 치열한 글로벌 경쟁사회에서 개인과 개인, 조직과 조직 간의 핵심 역량의 차이와 경쟁 우위를 통해 생존하는 방법을 엿볼 수 있다. 특히 새로운 아이디어나 기술을 바탕으로 사업을 시작할 경우 수많은 역경과 좌절을 거쳐야 한다. 미래 지향적인 긍정적 자세가 끝까지 살아남는 데 꼭 필요한 요소다.

6

정규직은 옛말!
새로운 기회의 출현:
긱 모델

건설이나 IT 분야에서는 프로젝트 팀이 만들어지고 해체되는 일이 수시로 반복된다. 끊임없이 바뀌고 성장하는 애자일 방식의 형태를 띠는 것이다. 과거처럼 '저는 총무팀 소속입니다'라고 주장할 상황은 계속 사라지고 있다. 조직은 핵심 역량과 인재만 필요로 할 뿐 더 이상 조직 내에 모든 팀, 모든 기능을 두려 하지 않는다. 컴퓨터 프로그램 개발이나 디자인, 회계 서비스도 외주를 준다. 고수익 초경량 기업을 추구하는 경향이 강해지고 있는 것이다. 인스타그램이 페이스북에 1조 원 이상의 가치로 매각될 때 직원은 13명에 불과했다.

오픈 이노베이션Open innovation, 즉 개방형 혁신도 활발히 진행되고 있다. 아웃소싱이 한쪽 방향으로 역량을 이동시키는 것이라면 오픈 이노베이션은 기술이나 아이디어가 기업 안팎의 경계를 넘나들며 기업의 혁신으로 이어지도록 하는 것이다. 지식재산권을 독점하는 것이 아니라 공유하는 것이 개방형 기술 혁신의 핵심이다. 사내 벤처나 외부 기업과 협업하는 방식이 대표적이다. IT 분야에서도 개발을 아웃소싱하고 일반 기업들도 연구 개발이나 마케팅을 아웃소싱으로 해결하고 있다. 이제 과거처럼 총무팀, 인사팀, 재무팀, 연구 개발팀 등 모든 팀을 꾸리지 않으면서도 기존보다 높은 성과를 낼 수 있게 됐다. 1인 사업이든 기업 내 팀이든 자신이 반드시 보유해야 하는 핵심 역량만 파악한다면 좀더 큰 성과를 내는 효율적인 팀을 꾸릴 수 있다.

최근 들어 IT 기술과 결합하여 새로운 경제가 떠오르고 있다. 긱 GIG 이코노미 이야기다. 긱이라는 표현은 1920년대 미국 재즈 공연장 주변에서 특정 공연의 연주자를 섭외하여 짧은 시간 동안 공연을 제공했는데 이를 긱이라고 한 데서 유래했다.

긱 경제는 독립 근로자, 특정 서비스의 제공, 독립 근로자와 소비자를 연결해주는 매개 혹은 회사 이렇게 세 가지 주요 요소로 구성된다. 즉 시간당 급여를 받고 조직 내 일을 수행하는 정규직과는 전혀 다른 근로 형태다. 사실 이런 근로 형태가 낯선 모델은 아니다. IT 기술의 출현으로 우버나 에어비앤비처럼 앱 기반 서비스가 출현하면서 새로운 노동의 형태와 근로자를 만들어내고 있다.

긱 근로자가 할 수 있는 일에는 제한이 없다. 고장난 수도꼭지 수리, 자동차 운전, 집 빌려주기, 요리부터 앱 개발, 나아가 심리 상담과 교육, 법무 서비스까지 사회에 필요한 모든 일이 긱 경제에서 가능해졌다. 다만 긱 노동자는 오직 특정 업무에 대해서만 계약하여 급여를 받는다는 점에서 전통적인 정규직이나 비정규직의 개념과

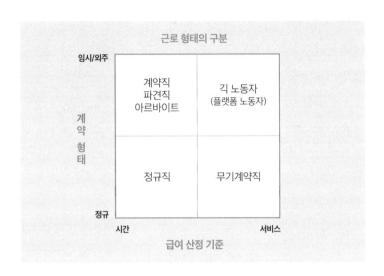

근로 형태의 구분

임시/외주

계약직
파견직
아르바이트

긱 노동자
(플랫폼 노동자)

계
약
형
태

정규직

무기계약직

정규

시간

서비스

급여 산정 기준

는 다르다.

　임시직 업무를 시간당 급여로 받는 대표적인 고용 형태로는 계약직, 파견직, 아르바이트가 있다. 정규적인 업무를 맡고 있고 시간당 급여를 받는다면 정규직이다. 긱 노동자는 특정 서비스만 임시적으로 제공하며 마찬가지로 특정 서비스의 건당 급여를 받는다. 여기에는 청소, 수리, 대행부터 중개, 강연, 교육, 법무 서비스 등 전문 지식이나 라이선스가 필요한 일까지 무궁무진하다. 무기계약직도 정규직에 속하는데 통상 정규직에 비해 정해진 업무만을 맡곤 한다. 기본적으로 정규직은 무기계약직이다. 그러나 계약직으로 회사와 근무하기로 했고 계약직이 2년을 초과하여 근무하면 무기계약직이 된다. 무기계약직과 정규직의 차이점은 근로 조건 등 처우의 차이일 뿐 그 이상은 없다. 2년 계약 후 연장 계약이 성사된다면 해고나 직장 내

고용 부문에서 정규직과 차이가 없다.

긱 노동자는 앱이라는 플랫폼의 등장으로 새롭게 주목받았다는 점에서 플랫폼 노동자로 비유되기도 한다. 앱의 세 가지 주요 플레이어는, 앱 소유 회사와 앱을 이용하는 소비자 그리고 플랫폼 노동자다. 예를 들어 배달의 민족에서 3명의 핵심 플레이어는 음식 생산자(식당)와 배달 기사, 소비자다. 이 중 배달 기사는 플랫폼 노동자다. 크몽이나 탈잉같이 기술 혹은 지식을 중개하는 온라인 플랫폼에서 각 분야 전문가들은 소비자에게 필요한 것들을 아웃소싱이나 강의, 컨설팅 등으로 전달해주고 자신이 정한 비용을 지급받는다. 기업은 필요에 따라 계약 혹은 임시로 사람을 고용하는 경향이 강해졌고 사람들도 시간과 급여가 정해진 전통적인 직장이라는 틀에서 벗어나 자신의 역량을 바탕으로 한 프리랜서로 활동하며 전에 없던 새로운 비즈니스 기회를 만들고 있다. 기업과 개인 모두 경량화를 추구하면서도 소비자의 니즈를 만족시키고 이에 따른 수익을 창출하는 구조다.

이런 긱 이코노미의 대표적인 사례를 몇 가지 살펴보면, 자신이 가진 역량을 소비자에게 어떤 방식으로 제공할지 힌트를 얻을 수 있다. 예를 들어 고정 비용이 드는 사업체를 구축하여 제공하기 전에 긱 이코노미로 먼저 소비자에게 자신의 서비스를 제공해보는 것이다. 비용은 들이지 않으면서 자신이 가진 역량의 수준과 시장의 반응, 매출을 가늠해볼 수 있으니 1인 기업가나 프리랜서에게는 새로운 비즈니스 기회 내지는 비용을 줄이는 효과적인 전략적 대안이 될 수 있다. 그러면 국내와 해외의 열두 가지 긱 이코노미 사례를 함께 살펴보자.

1. 에어비앤비Air BnB: **자신의 부동산으로 수익화하고 싶다면 단연 에어비앤비**

2017년 10억 달러의 자금을 조달해 긱 이코노미 업계의 대표적인 기업으로 자리매김했다. 전 세계 1만2000명 이상의 직원을 보유하고 있으며, 수백만 명의 집주인(혹은 집을 빌려줄 권한이 있는 사람)이 자기 집을 에어비앤비에 등록해놓은 상태다. CNBC는 에어비앤비에 자신의 부동산을 서비스로 제공하는 사람들의 월평균 소득이 수수료 3퍼센트를 제외하고 924달러라고 밝힌 바 있다.

2. 아마존 플렉스Amazon Flex: **운전면허를 가지고 있고 배송 서비스로 수익화하고 싶다면 아마존 플렉스**

아마존 플렉스의 운전자는 배송 서비스 시간을 자유롭게 선택, 예약하여 제공할 수 있고 자신의 요구 사항에 가장 적합한 소비자를 선택하여 제공할 수도 있다. 최근 국내 TV 프로그램에서 기자들이 직접 일주일간 배달기사로 일한 경험이 소개될 정도로 공유경제 노동은 새로운 일자리 형태로 일상에 스며들고 있다.

3. 캐비파이Cabify: **차량과 운전면허를 가지고 있다면 캐비파이**

우버의 경쟁 업체로 12개국, 90개 도시에서 서비스하고 있다. 캐비파이에서 서비스를 제공하려면 자신의 차량과 운전면허를 보유해야 하며 이 점은 자신의 차량이 있든 없든 차량 운전이나 공유 서비스가 제공 가능한 우버와의 차이점이라고 할 수 있다. 무엇보다 캐비파이는 페이팔 등 편리한 결제가 가능해 가파른 성장을 이어가고 있다. 2018년 캐비파이의 기업 가치는 14억 달러로 평가되어 리프트Lyft, 우버Uber 등과 함께 차량 공유 서비스 업계의 강자로 자리매김했다.

4. 엣시Etsy: 예술가 및 수공예 전문가용 긱 이코노미

2005년 설립됐으며 긱 이코노미 회사 중 몇 안 되는 상장된 회사다. 비슷한 사례로 우리나라에서는 수공예품이나 음식 등 개인 작품을 판매할 수 있는 아이디어스Idus가 있다.

5. 원파인스테이Onefinestay: 고급 주택을 소유한 사람이 제공할 수 있는 고급 숙박공유 서비스

에어비앤비의 럭셔리 버전이라고 생각하면 된다. 주로 현지의 일반적인 집을 제공하는 에어비앤비에 비해 고급 주택을 높은 가격에 임대하는 서비스다. 이 서비스는 런던, 파리, 뉴욕에서 가장 인기가 있으며 한 번의 대여료가 500유로(한화 60만 원) 이상으로 알려져 있다. 고급 주택 소유자라면 생각해볼 수 있는 긱 서비스다.

6. 토크스페이스Talkspace: 자격증이 있는 치료사 및 심리치료 전문가용 긱 서비스

라이선스를 보유한 치료사들이 스마트폰, 태블릿 또는 데스크톱을 통해 상담이 필요한 고객에게 서비스를 제공한다. 토크스페이스는 고객과의 상담에서 기밀성을 유지하기 위해 은행 수준의 암호화 체계를 구축해 상담 치료사들에게는 고객층을 넓힐 기회를 제공하고 고객들에게도 편안한 상담이 가능하도록 설계했다.

7. 태스크래빗TaskRabbit: 다양한 홈 서비스 공급 업체용

이케아의 자회사로서 가구 조립, TV 설치, 청소, 수리 등과 같은 가정 내 서비스를 제공하는 "태스커" 서비스를 제공한다. 현재 미국, 영국, 캐나다, 프랑스, 독일 등에서 서비스가 제공되고 있으며 해당 긱 이코노미 산업에서 1위를 달리고 있다. 간단한 역량만으로도 개인이 얼마든지 소득을 창출할 수 있는 모델이다.

8. 와그Wag!: 개를 사랑하는 사람이라면 개를 돌보고 수익을 벌 수 있다

개를 사랑하는 사람이라면 누구나 와그!를 통해 애완동물 돌봄 서비스를 제공하고 수익을 창출할 수 있다. 여기서 개를 사랑한다는 의미는, 반려견 보호에 대한 사전 경험과 반려견 안전성에 대한 지식을 갖고 있다는 것이다. 와그!는 반려견의 건강이나 훈련, 몸단장, 행동 등 프리랜서가 스스로 기술을 익힐 수 있도록 돕는 방대한 학습 자료를 제공한다는 것이 강점이다.

9. 크몽Kmong: 대표적인 국내 긱 이코노미 서비스

2012년에 설립된 크몽은 해당 업계에서 가장 오래된 기업이고 147억 원의 투자금을 유치하여 성장해왔다. 현재 디자인, IT 프로그래밍, 콘텐츠 제작, 마케팅, 번역, 통역, 문서 작성, 취업, 비즈니스 컨설팅, 운세, 레슨, 실무 교육, 주문 제작, 간판, 인쇄까지 상당히 넓은 영역에서 소비자와 전문가를 연결해주고 있다.

해외와 국내의 열두 가지 대표적인 긱 이코노미 사례를 통해 자신이 가진 서비스 역량이나 자산을 활용하여 수익을 창출하는 방법을 생각해볼 수 있다.

플랫폼 비즈니스는 거스를 수 없는 큰 변화의 흐름이다. 그러나 과도기적 성장 단계에 따른 부정적 측면도 존재한다. 공유경제 노동자에게 근로계약서를 작성해주지 않거나 최저임금 사각지대에 놓여 있는 점, 공유경제 플랫폼 노동자의 노동 착취가 사회 문제로 제기

되고 있는데, 이는 시급히 해결해야 할 과제다. 사고가 발생했을 때 산재보험 등의 적용이 어려운 점도 공유경제 노동자들을 불안하게 만드는 요소다.

중요한 점은 자신이 계획한 사업이 정말 수익을 낼 수 있는지 냉정하게 평가해야 한다는 것이다. 최근 4~5년간 공유경제 플랫폼이 우후죽순 나타나면서 흑자는커녕 막대한 적자를 보는 곳이 많아지고 있다. 앞서도 다룬 대형 플레이어들도 수익을 내지 못하고 있는 것으로 나타났다. 각 기업이 발표한 자료를 보면, 승차 공유와 배달이 주요 서비스인 우버는 29억4000만 달러 적자(2020년 1분기), 승차 공유 서비스를 제공하는 리프트는 4억 달러 적자(2020년 1분기), 대표적 숙박 공유 플랫폼인 에어비앤비는 2억7000만 달러 적자(2019년 4분기), 공유 오피스의 대표 주자 위워크는 2억6000만 달러 적자(2020년 1분기)를 보이고 있다. 남는 자원을 타인에게 대여하거나 공유하는 원래 취지는 좋지만, 코로나19 팬데믹 같은 예상할 수 없는 악재를 만났을 때는 속수무책이다. 사업의 규모는 커지지만 수익은 커지지 않는 구조적 한계도 문제다. 치열한 경쟁 탓에 울며 겨자 먹기로 서비스 비용을 극도로 낮추거나 무료로 제공하는 것은 차별성이 없다는 반증이며, 이는 공유경제 플랫폼들이 풀어야 할 과제다. 공유경제에서 모든 참여자가 상생할 수 있는 방향으로 성장해나갈 방법을 도모해야 하는 이유다.

7

두 마리 토끼는 없다: 선택과 집중 모델

『3개의 원칙: 뛰어난 기업은 어떻게 생각하는가』의 저자 마이클 E. 레이너와 뭄타즈 아메드는 수천 개의 기업을 오랜 기간 연구한 결과 위대한 기업이라 평가할 수 있는 수백 군데의 기업을 찾아냈다. 이들은 전략적 선택의 기로에서 공통적으로 다음의 3원칙을 따랐다.

1원칙 뛰어난 성능 > 저렴한 가격

2원칙 매출 증가 > 비용 절감

3원칙 위 두 가지 원칙을 지키기 위해 필요하다면 어떤 것도 바꾼다.

제1원칙에 따르면 저렴한 가격보다 뛰어난 성능이 먼저다. 가격보다는 차별화 전략이 우위에 있으며 차별 요인을 개발하고 강화하여 경쟁해야 한다. 고객에게 독창적인 편익을 제공하면 차별화를 실현할 수 있다. 하버드대학 교수였던 시어도어 래빗은 편익에 대해 "드릴을 구매한 소비자는 드릴을 산 것이 아니라 그 드릴로 뚫을 구멍을 산 것이다"라고 설명한 바 있다. 기업은 상품과 서비스를 판매하지만 소비자는 그것을 이용한 편익을 구매한다는 것이다. 소비자 편익에는 훌륭한 브랜드, 멋진 스타일, 뛰어난 기능, 내구성, 편의성 등 비가격 요소도 중요하게 포함된다. 이 비가격 요소는 용인 가능한 최저 수준의 품질을 유지한 채 가격이 저렴한 제품보다 경쟁 우위에 있다.

제2원칙에 따르면 비용 절감보다는 매출 증가를 선택하여 집중해야 한다. 기업은 창출한 가치를 이윤의 형태로 확보해야 한다. 원가 우위 전략 등을 통해 판매량을 늘리거나 가격을 높여 매출과 이윤을 늘린다. 패밀리 달러Family Dollar Store 같은 기업은 고객이 쉽게 접근할 수 있는 곳에 매장을 열어 고객이 필요로 하는 제품에 높은 가격을 부과했다. 대형 할인마트에 비하면 비용 효율성이 낮았지만 그들보다 가까운 곳에서 상대적으로 높은 가격 정책을 펼쳤고 이는 수십 년 동안의 성공으로 이어졌다. 제약회사들은 특허 보호를 받는 의약품의 임상 효과를 극적으로 강조하여 판매량을 늘리기도 한다. 저렴한 가격 대신 뛰어난 효과, 즉 성능을 내세운 것이다. 뛰어난 성능을 갖춘 제품/서비스는 추후 가격을 낮출 때도 경쟁자보다 유리한 위치에 설 수 있다.

제3원칙에 따르면 산업 내에서 높은 수익성을 내기 위해서는 제1원칙과 제2원칙을 지켜야 한다. 기업 운영, 인재 양성, 리더십, 기업 문화, 평가 보상 시스템 등 기업 성과에 영향을 미치는 요소들은 실제 기업의 수익 성과의 관계에서 일관적인 패턴을 보이지 않았다. 오직 제1, 2원칙만 일관적인 패턴을 보였다. 그렇다고 다른 요인들을 무시하라는 뜻은 아니다. 이 두 가지 원칙을 유지하기 위해서는 엄청난 융통성과 창의성이 요구되기 때문이다.

탁월한 기업이 되려면 선택과 집중, 즉 우선순위를 두고 행동해야 한다. 자원은 늘 한정적이다. 제한된 자원을 최선의 효율성으로 할당하려면, 제1원칙의 비가격 요소를 강화하는 데 어떤 행동을 해야 하는지, 어떤 전략이 2원칙에서 말하는 좀더 높은 가격을 부과하거나 판매량을 높이는 데 도움을 주는지를 분석하고 우선순위에 두어 선택과 집중을 해야 한다.

탁월한 기업들은 오랜 기간 비가격 요소에서 나오는 고객 가치를 창출하고 매출을 높이는 데 대부분의 자원을 할당해왔다. 단기적

선택과 집중

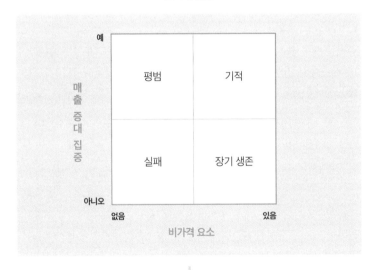

비용 절감이나 투자 중단은 가장 강화하고 개선해야 할 요소들을 파괴하는 선택이 될 것이다.

- **기적** 가장 성과가 높은 기업 영역이다. 가치 창출 요인은 비가격 요소다. 비가격적 우위를 지키기 위해서는 많은 자원이 든다.
- **장기 생존** 롱 러너Long-runner 기업 영역으로서 매출과 판매량의 증가에 집중한 것이 가치 창출 요인이다.
- **평범** 저렴한 가격을 경쟁 우위 전략으로 내세운 일반적인 기업들의 영역이며, 탁월함과는 거리가 멀다.
- **실패** 세 가지 원칙을 지키지 않은 기업은 안타깝게도 탁월한 기업이 되는 데 실패한다.

8

문제가
성공의 어머니:
문제 해결 모델

바둑판 위의 알이 상대방의 수에 따라 놓는 곳이 달라지듯 해결해야 할 문제나 이를 해결할 전략도 외부에서부터 시작된다. 문제 해결 전략은 상대방의 생각과 행동에 달려 있다.

2019년 말에 촉발된 코로나 사태로 언택트Untact 문화가 급속도로 확산되고 있다. 지금까지 겪어보지 못한 사태로 인해 소비자들을 감염의 공포에 떨게 했으며 이에 따라 비대면 마케팅 전략이 여기저기서 나오며 IT 산업의 재편을 불러오고 있다.

코로나19로 인해 세계의 공장들은 가동이 중단되고 오프라인 매장은 폐쇄됐다. 정상적인 사업 운영이 불가능해진 것이다. 국내에서도 대표적인 IT 기업인 삼성전자나 LG 역시 미국과 폴란드, 멕시코, 러시아, 브라질 등의 공장들을 멈춰 세웠다. 애플도 전년도 같은 기간 매출에 비해 6퍼센트 이상 감소했다. 이에 삼성과 LG는 신제품 광고를 오프라인이 아닌 온라인 제품 설명회와 유튜브로 공개했다. 언택트 시대에도 언택트 마케팅으로 소비자에게 다가가면서 문제를 해결하고 있는 것이다. 오프라인 시장의 매출이 감소하는 대신 온라인 시장의 약진도 눈여겨볼 만하다. 언택트 산업에서 클라우드 서비스 시장의 강자인 마이크로소프트(윈도 오피스 매출도 상승)와 아마존의 강세가 두드러지고 있다. 중국도 2020년 1분기 가전 산업 분야 총 판매액의 56퍼센트가 온라인 유통에서 발생했다.

경영 현장에서 문제가 일어날 때 경영자들의 의사결정은 기업의 운명을 좌우할 수 있다. 자사의 비즈니스가 갖는 강점은 무엇인지, 현 상황에서 소비자들이 원하는 서비스는 무엇인지 정확하게 인지하고 그에 맞는 전략을 택해야 한 치 앞을 내다볼 수 없는 치열한 시장 상황에서 생존할 수 있다. 의도치 않게 벌어지는 전쟁이나 기술 또는 과학의 혁신, 천재지변(코로나 같은) 등 미래는 향후 1~2년도 점치기 어렵다. 모른다는 것은 수많은 위험이 도사리고 있다는 말과 같다. 무엇이 문제인지조차 인식하지 못한다면 문제가 발생할 때마다 휘청거리고 결국 도태될 것이다. 문제는 외부에서 발생하며 해결의 지혜는 상대방에게서 나온다. 이제 전통적인 전략과 함께 새로운 차원의 해결 방안에 대해 개방적이고 유연한 자세를 보여야 할 때다.

문제 해결 매트릭스

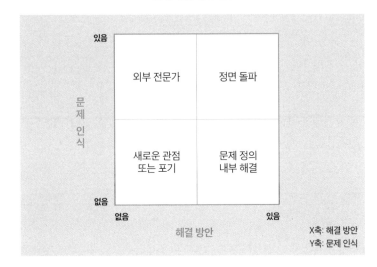

- **정면 돌파** 문제를 인식하고 있고 해결 방안도 있는 경우 신속하게 자체적으로 극복한다.
- **문제 정의-내부 해결** 문제 상황의 근본 원인을 파악하여 보유하고 있는 노하우로 문제를 해결한다.
- **외부 전문가** 문제는 파악했으나 내부적 해결 역량이 없는 경우 외부 전문가의 도움을 받아 문제를 해결한다.
- **새로운 관점 또는 포기** 현 상황을 빠르게 받아들이고 새로운 방안을 만들거나 다른 대안을 선택한다.

9

최고가 아니다, 차별화다: 경쟁 우위 확보 모델

비즈니스의 목적은 사회 내 기업의 역할과 실천 방안에 대해 혁신을 추구할 기회를 잡는 데 있다. 최고가 되기 위한 경쟁에서 이제는 차별화되기 위해 경쟁하는 시대이며, 전략 수립 단계에서 최악의 오류는 같은 차원에서 라이벌과 경쟁하는 것이다.

기업은 자신의 입장만이 아니라 산업의 건전성에 초점을 맞춰야 한다. 기업의 경제적 성과는 두 가지 뚜렷한 원인에 의해 발생한다. 산업 구조(산업 매력)와 업계 내 전략적 포지셔닝(지속 가능한 경쟁 우위)이 그것이다. 산업 구조에서 산업 매력도를 측정할 수 있고 전략적 포지셔닝을 통해 산업 내 경쟁 우위가 지속 가능한지 예측할 수 있다.

전략적 사고는 두 분야를 다 포괄해야 한다. 모든 경쟁 우위는 가치사슬에서 발견할 수 있다. 가치사슬의 각 활동을 어떻게 구성하며 이들을 어떻게 상호 연결시키는지 그 선택들이 전략이 된다.

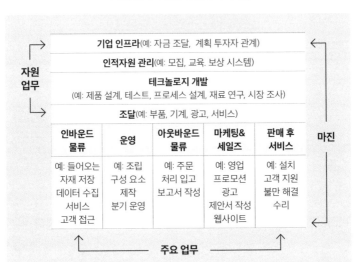

마이클 포터의 경쟁 우위와 가치사슬

탁월한 성과(경쟁 우위)를 달성하기 위한 산업 내 전략적 포지셔닝은 두 가지가 있다.

- 차별화(높은 가격)
- 더 낮은 원가

여기에 시장의 크기를 더해 2×2 매트릭스로 정의하면 산업 내 경쟁 우위를 점할 전략을 구상할 수 있다.

	넓은 시장	
경쟁 범위 설정	원가 우위	차별화
	원가 집중	차별화 집중
	좁은 시장	

낮은 원가 　　　　　　 차별화

경쟁 우위 전략

X축: 경쟁 우위
Y축: 경쟁 영역

• **원가 집중** 원가 우위 전략이라고도 한다. 넓은 시장에서 낮은 원가로 승부를 보는 전략으로 같은 품질/최저가라는 점에서 규모의 경제가 가능한 플레이어가 전형적으로 추구하는 것이다. 생산성은 높이고 비용은 낮추면서 수용 가능한 품질도 유지해야 지속적으로 우위를 점할 수 있다. 비용을 절감하는 방안으로는 생산 방식의 개선, 규모의 경제, 낮은 가격으로 원자재 구매, 광고비 감축 등이 있다. 제품의 핵심 기능은 유지하면서 부가적 요소들은 대부분 제거하는 가운데 비용 절감을 추구하므로 품질 유지가 소비자 신뢰를 유지하는 주요 과제가 된다. 홈플러스나 이마트, 코스트코, 아마존 같은 플레이어들은 낮은 임대료, 효율적 물류 시스템, 규모의 경제 등을 활용한 비용 우위 전략을 활용하고 있다.

• **차별화 전략** 넓은 시장에서 활동하지만 비용 우위가 아닌 차별화를 통해 우위를 점하는 전략이다. 경쟁자보다 높은 독창적 가치를 주거나 고객이 인정하는

높은 수준의 서비스나 제품을 제공할 역량을 보유했다면 가격이 높아도 소비자의 선택을 받게 된다. 자동차 구매에서 벤츠의 AMG, 현대자동차의 제네시스가 차별화 전략의 사례가 될 수 있다.

- **비용 초점 전략** 넓은 시장에서 경쟁하기보다는 좁은 시장에서 비용 우위를 바탕으로 희소한 니즈를 공략하는 전략이다. 이런 니즈를 가진 소비자는 큰 비용을 들이지 않으면서 자신의 문제나 필요를 해결하고자 한다. 소량 맞춤 주문이나 판매 예시로 농가에서 주문하는 농약 봉지나 사진 출력용 인화지의 사례를 들 수 있다.

- **차별화 집중** 좁은 시장에서 특수한 니즈를 가진 소비자를 공략하는 전략이다. 서비스의 가치만 입증할 수 있다면 추가적으로 높은 가격을 기꺼이 지불할 소비자의 신뢰를 얻는 게 주요 과제다. 과거에는 김치냉장고가 대표적 차별화 초점 전략 제품이었고 현재에 와서는 AI나 빅데이터 기술의 활용이 가능한 프로그래머나 데이터 사이언티스트가 제공하는 고가의 서비스가 차별화 초점 전략의 사례라고 할 수 있다. 그러나 만족도가 높은 제품이나 서비스는 패스트 팔로어fast follower나 이용 소비자 증가로 인해 독창적 차별화를 오랜 기간 유지하기는 힘들다. 세분화된 시장에서 큰 만족을 준 제품이나 서비스는 단기간 내에 범용 제품이나 서비스로 전환될 가능성이 높다. 앞서 소개한 김치냉장고가 보편적 가전제품으로 전환되었듯이 현재 기업이나 자본력을 갖춘 기술 위주 스타트업들이 주로 활용하는 AI나 빅데이터 활용 기술도 단기간 내에 보편적 서비스가 될 것으로 예상된다.

10

현상 유지를 넘어
무한 성장하기:
지속 성장 모델

생산성Productivity과 효율성Efficiency은 매출 신장에서 빠지지 않고 등장한다. 여기서 말하는 생산성과 효율성은 전혀 다른 개념이다. 이 둘을 이해하기 위해, 10의 투입량으로 100의 산출량을 만들어 내는 상황이라고 가정해보자. 여기서 20의 투입량으로 200의 산출 량을 만들어냈다면 생산성을 늘린 것이다. 반면 10의 투입량으로 130의 산출량을 만들어냈다면 효율성을 증가시킨 것이다.

생산성 증가	$\dfrac{산출량}{투입량}$	$=$	$\dfrac{100}{10}$	$\Rightarrow$	$\dfrac{200}{20}$
효율성 증가	$\dfrac{산출량}{투입량}$	$=$	$\dfrac{100}{10}$	$\Rightarrow$	$\dfrac{130}{10}$

생산성 증가에서는 투입량과 산출량이 비례하여 증가한다. 예를 들어 비용을 2배 투입해서 생산량을 2배 증가시킨 것과 같다. 효율성 증가에서는 투입량 값은 같고 산출량 값은 더 증가했다. 비용은 동일한데 생산량이 30퍼센트 더 증가한 것이다.

자원에 여유가 있을 때는 생산성 증가를 주문하고, 자원이 충분하지 않으면 효율성 증가를 주문한다. 또 자본의 이용이 효율적으로 이뤄지지 않을 때도 효율성의 증가가 요구된다.

한편 언뜻 보기에 지속 성장은 자원 투입량과 이에 따른 수익성 같은 요소들을 적절히 관리하면 될 것 같다. 그러나 이런 단편적인 요소와 생각만으로 끊임없이 변화하는 외부 환경에서 현상 유지를 넘어 꾸준히 성장해 살아남기란 쉬운 일이 아니다. 기회와 마찬가지로 문제도 주로 외부 환경에서 발생한다. 외부 환경은 다양한 경쟁 상황과 법적·환경적·사회적 현상을 포함하며 개인과 기업에게 독립적·교환적·순차적 영향을 미친다. 이런 예측할 수 없는 특성 때문에 같은 문제라도 전혀 다른 상황 인식과 이에 따른 해결책이 요구될 수 있다. 따라서 문제나 상황 변화에 대한 처음의 판단을 넘어서서 끊임없이 새롭고 유연한 전환적 사고가 요구된다. 문제 해결의 출발점은 언제나 그렇듯 2×2 매트릭스(X축, Y축, 4사분면)로 현 상황을 규정하고 능동적인 대처를 하는 것이다. 우리는 이득이 극대화되는 선택을 할 수도 있고 의도적으로 적정한 실패를 선택할 수도 있다. 이 모두 지속 성장을 위해서 선택 가능한 옵션들이다. 2×2 매트릭스는 4개의 선택지 중 하나 또는 양자택일을 강요하지 않는다. 복잡한 사건을 단순하고 자명한 2×2 매트릭스로 옮겼다는 사실만으로도 문제 해결의 실마리인 상황 인식과 해결 방안에 대해 시뮬레이션을 한 것이다. 그룹화된 2×2 매트릭스 안에서 두 가지 혹은 세가지 선택지를 전략적으로 적용하는 방식도 가능하다. 2×2는 그자체로 문제 해결과 지속 성장이라는 전략적 목표를 달성케 하는데 훌륭하고 다양한 대안을 제시한다.

여기서 '기업 전략Coporate Strategy'을 발표했던 이고르 앤소프의 4분면은 지속 성장의 힌트를 준다.

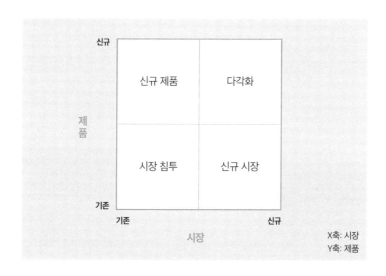

- **신규 제품** 기존 시장에 신규 제품을 출시하는 전략이다. 고객 관계를 잘 유지한 기존 구매 고객은 마케팅 비용을 추가로 투입하지 않아도 신규 제품 구매에 특별한 거부감이 없다. 특히 M&A 등 외부에서 들여온 신제품을 활용할 수 있다.
- **시장 침투** 기존 시장에 기존 제품을 계속 판매하는 전략으로 현상 유지 전략이

라고도 한다. 내부 제품에 대한 판촉 및 유통 채널 강화를 통해 시장을 확대하거나 시장 다각화 전략을 꾀할 수 있다.

- **신규 시장** 기존 제품으로 새로운 시장을 개발하는 전략이다. 기존 시장에서 더 이상 매출 상승을 기대할 수 없을 때 유용한 전략이다. 새로운 시장은 연령대나 지역, 국가를 달리하여 개발할 수 있다.

- **다각화** 기존 제품과 기존 시장 체제에서 동시에 두 가지를 확장해나가는 전략이다. 가장 위험한 전략이면서 동시에 가장 큰 이익을 창출할 수 있다. 온라인 판매가 주요 비즈니스 모델이었던 아마존이 클라우드 서버 시장AWS에 진출한 것이 대표적인 사례다. 아마존은 이 선택으로 차세대 트렌드로 평가받는 디지털 트랜스포메이션 산업의 리더로 우뚝 섰다.

11

당신을 둘러싼 문제는 적고, 해결책은 많다: 1센티미터짜리 나미브 사막 거저리가 생존하는 방법

세상은 고난으로 가득하지만,
고난의 극복으로도 가득하다.

_헬렌 켈러

아프리카 서남쪽에 위치한 나미브 사막은 연평균 강수량이 50밀리미터도 되지 않는다. 세계의 연평균 강수량은 750밀리미터이고, 우리나라는 1200밀리미터 정도 된다. 나미브 사막의 기온은 밤에는 영하로 떨어지는 반면 한낮에는 섭씨 40도까지 올라가며 지표면 온도는 섭씨 70도가 되는 탓에 나무는 물론 바위까지 돌가루로 변하는 척박한 환경이다. 수천만 년 동안 이런 급격한 온도차로 인해 원주민들은 나미브 사막을 '사람이 없는 토지' '아무것도 없는 토지'라고 부른다. 해안 지역에는 벵겔라 해류가 흘러 안개가 자주 끼지만 중위도 고압대에 속해 있어 아프리카에서 가장 건조한 지역에 든다.

이곳에서 수분이라고는 일 년 내내 서남쪽에서 미풍을 타고 오는 짙은 안개뿐이다. 그래서 이 지역의 동식물은 한 번에 많은 양이 내리는 빗물보다 매일 공급받을 수 있는 이슬을 더 필요로 한다. 나미브 사막에는 약간의 포유류와 파충류가 적응해서 살고 있고 그중 딱정벌레목에 속하는 거저리도 살고 있다. 크기는 엄지손톱만 하다. 8400미터가 넘는 에베레스트는 사람의 키로 환산하면 5000배 가까이 된다. 2~3센티미터에 불과한 거저리에게 300미터의 모래언덕은 1만 배가 넘는다. 인간이 에베레스트 정상에 오르는 것보다 2배 이상 높은 곳을 거저리는 매일 등반하는 셈이다.

거저리는 작열하는 태양이 뜨기 전 집에서 출발해 모래 언덕 정상을 죽을힘을 다해 올라간다. 천신만고 끝에 올라간 정상의 경사면에 서서 사람으로 치면 물구나무서기에 가까운 자세를 하고 기다린다. 시간이 지나면서 미풍에 실려오는 수분 입자가 등껍질의 돌기에 모여서 물방울이 된다. 이 물방울은 거저리의 몸을 타고 내려와서 입으로 들어간다. 거저리는 등껍질에 공기 중의 수분이 이슬로 맺혀 주둥이로 흐르게 함으로써 생존에 필요한 물을 섭취하는 것이다.

일 년 내내 비가 거의 오지 않는 곳. 일교차가 50도가 넘는 나미브 사막. 사방에 도마뱀과 카멜레온, 뱀과 같은 천적이 득실거리는 환경에서 거저리는 그저 혼신의 힘을 다해 자신이 할 수 있는 방법으로 생존한다.

현재 전 세계적으로 10억 명 이상이 물 부족으로 고통스러운 삶과 죽음을 맞이하고 있다. 미국 매사추세츠공대MIT 연구팀은 이 거

저리의 울퉁불퉁한 등껍질 구조를 모사해 안개 속에서 수증기를 물로 포집하는 연구를 수행하고 있다. 이 기술은 물 부족 문제를 해결할 것으로 기대를 모으고 있다. 나미브 사막 거저리가 이들에게 희망을 주고 있는 것이다.

거저리를 통해 생존에 필요한 일과 내가 할 수 있는 일을 2×2 매트릭스로 나타내볼 수 있다.

- **시간 투자** 필요한 일이 무엇인지 잘 알고 있기 때문에 일을 완수할 수 있도록 시간을 투자해 역량을 기르고 노력하여 생존할 수 있다.
- **생존 불가능** 필요한 일도 아니고 할 수 있는 일도 아닌 경우. 타인은 물론 자신도 이런 상황인 것을 알고 있지만 생각보다 많은 사람이 여기서 벗어나지 못한다. 악순환을 깨기 위해 그동안 해온 일들을 재정의하고 다시 설계해야 한다.
- **시간 낭비** 필요 없는 일에 몰두하고 있다는 것은 어쩌면 생존 불가능한 상황보다 더 참담한 것일 수 있다. 지금 하는 일이 정말 유효한 것인지 되돌아가서 고민하라. 생존에 불필요하거나 목적에 부합하지 않은 일에서는 빨리 발을 빼야

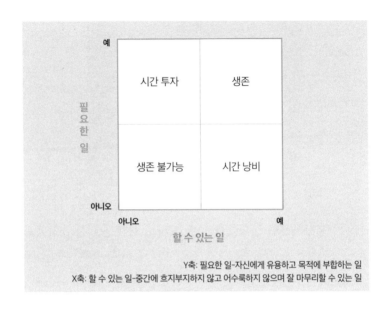

Y축: 필요한 일-자신에게 유용하고 목적에 부합하는 일
X축: 할 수 있는 일-중간에 흐지부지하지 않고 어수룩하지 않으며 잘 마무리할 수 있는 일

한다.

• 생존 필요한 일을 훌륭히 잘 마무리할 수 있다. 생존을 넘어 성공과 성장에 필요한 두 가지 요소를 모두 갖추고 있다.

나미브 사막의 거저리는 최악의 조건과 환경에서도 자기만의 방식으로 멋지게 생존한다. 자기만의 핵심 역량을 가진 신생 기업도 급변하는 디지털 경쟁 시대에 치열하고도 척박한 비즈니스 환경에서 얼마든지 살아남을 수 있고, 더 나아가 유니콘 기업이 될 수 있다. 생존에 있어서 긍정적 사고와 끊임없는 노력과 더불어 중요한 것은 명확한 목표 설정이다. 주변을 둘러싸고 있는 복잡하고 사소한 일들에서 벗어나는 것이 목표를 명확하게 하는 출발점이다. 우리는 지금까지 전략 수립, 실행 방법 탐색, 다양한 도전 극복을 어떻게 하는지 살펴봤다. X축과 Y축을 기준으로 한 2×2 매트릭스의 4분면에 적혀 있는 내용이 바로 현재 상황과 그에 맞는 해결책이다.

우리는 더 이상 답이 보이지 않는 상황에 처했다며 좌절할 수도 있다. 하지만 막다른 골목에 다다른 상황이 사실 문제 해결의 시작점이다. 문제의 본질을 예리하게 뚫는 2×2 사고법과 함께라면 누구라도 명쾌하게 문제를 진단하고 해결할 수 있다. 지금까지 살펴본 2×2 매트릭스 사례들을 통해 우리는 어떤 복잡한 문제도 2×2 매트릭스의 4분면 안에 정의해냈고, 이를 통해 우리가 서 있는 현재 위치를 규정하는 것은 물론 앞으로 나아갈 방향도 미리 목격할 수 있었다. 이제 당신을 괴롭히고 있는 복잡한 과제들을 하나하나 2×2 매트릭스로 작성해보기 바란다. 2×2 매트릭스로 당신의 문제를 들여다보는 순간, 당신을 괴롭히던 문제의 수는 생각보다 많지 않고 복잡하지도 않다는 사실을 깨달을 것이다. 도리어 문제의 해결책이 많다는 사실에 안도감을 느낄 것이다. 2×2 사고법을 적재적소에 활용하는 당신은 분명 죽음의 사막을 지나 오아시스를 만나게 될 것이다.

마케팅의 노력에 따라
소비자가 느끼는 맥주 맛의 선호도가 달라진 사례:
O사 블라인드 테스트

소비자는 어떤 기준으로 제품을 선택할까? 판매자들은 소비자가 제품의 어떤 요소를 보고 구매를 결정하는지를 알기 위해 많은 노력과 비용을 지불한다. 경희대 정재석 교수팀의 맥주 블라인드 테스트 연구에서 밝힌 사실을 통해 소비자들은 결코 제품의 특징만으로 구매를 결정하지는 않는다는 점을 확인할 수 있다.

카델로Cardello의 식품 관련 행동 모델을 보면 소비자의 의사결정에 따른 행동학적 4단계를 이해할 수 있다.

특히 국내 소비자의 맥주 맛 선호 결정이 관능적 속성인 맛뿐만 아니라 브랜드와 같은 외적 요인에도 함께 영향을 받는다는 것이 정재석 교수팀의 연구에 의해 밝혀졌으며 이는 카델로의 연구와도 일치한다. 국내 소비자들은 국산 맥주보다 수입 맥주를 더 맛있다고 느낀다는 언론 보도가 여러 차례 기사화된 적이 있다. 이에 대해 정

관능적 속성	중앙 통합	수용	행동
맛 냄새 질감 외관 온도 등	뇌 문화적 영향 심리사회적 영향 신체적 상태 기대(포장, 라벨링, 제품 정보, 고정관념) 학습과 기억	현상학적 반응	정신생리학적 반응 소비, 직접적 평가 선택 혹은 구매 행동

FOOD →

재석 교수 연구팀은 226명의 20~30대 남녀 대학생을 대상으로 맥주의 브랜드를 가리고 블라인드 테스트 등을 수행했는데, 여기서 소비자 심리에 대한 흥미로운 결과가 나왔다.

먼저 블라인드 테스트는 브랜드를 가린 상태에서 맥주의 맛만 보고 가장 선호하는 맥주와 가장 선호하지 않는 맥주를 선택하는 방식으로 실험이 진행되었다. 블라인드 테스트 결과, 국산 맥주를 가장 선호한다는 비율이 70.5퍼센트로 나왔고, 수입 맥주를 가장 선호한다는 비율은 29.5퍼센트로 나왔다. 반면 브랜드를 속이고(수입 맥주는 국산 맥주로, 국산 맥주는 수입 맥주로 가짜 정보를 줌) 음용 테스트를 해보니 블라인드 테스트 결과와는 다르게 수입 맥주를 가장 선호한다고 답한 비율이 71.퍼센트, 국산 맥주를 가장 선호한다는 비율은 28.9퍼센트로 나타났다.

브랜드가 부착되어 있으면 국내 브랜드보다 수입 브랜드를 선호하는 경향이 강했고, 브랜드가 부착되지 않고 관능적인 '맛'으로만 평가할 때는 국내 브랜드를 선호하는 결과가 나온 것이다.

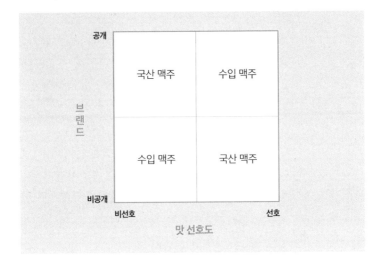

맥주 선택에 있어서 소비자의 비일관적 선호도 매트릭스

소비자들이 맥주에 대해 비일관적인 선호를 보인다는 것이 위의 그림처럼 관능적 실험을 통해 검증되었다. 소비자들은 가장 선호하는 맥주를 선택할 때, 제품이 가진 특징인 맛뿐만 아니라 맥주의 브랜드도 중요하게 생각했다. 이 연구를 통해 모든 제품에 대한 소비자 선호를 밝혀낸 것은 아니지만 최소한 소비자들의 제품에 대한 선호가 단순히 맛이나 냄새, 질감, 외관, 온도 등의 관능적 요인 외에도 비관능적 요인, 즉 브랜드처럼 마케팅적 요인에 의해 변화된다는 사실이 입증된 것이다.

소비자가 제품을 구매할 때 내부적 요소뿐만 아니라 외적 요인으로부터 동시에 영향을 받는다는 점은 제품 전략에 활용할 필요가 있다. 소비자가 제품을 선택할 때 선호 요인과 이에 따른 태도의 변화를 파악할 수 있는 중요한 힌트가 되기 때문이다.

따라서 제품/서비스의 판매자라면 제품이 갖는 특징 외에 마케팅적 노력에 의해 얼마든지 고객에게 더 많은 선호도를 끌어내 판매량을 증가시킬 수 있다는 점을 기억할 필요가 있으며, 이와 관련하여 2장에서 다루는 마케팅 내용은 당신의 매출에 충분히 긍정적인 도움을 줄 것이다.

부록 1 마케팅의 노력에 따라 소비자가 느끼는 맥주 맛의 선호도가 달라진 사례

베이커리 산업에서
미래 변화를 예측하기 위한 외부 환경 분석 사례:
파리바게트

기업의 외부 환경 요인 분석에 사용되는 도구를 "PEST 분석"이라고 한다. PEST는 기업이 통제할 수 없는 거시 환경 요소와 관련되며, 정치·경제·사회·기술 분야의 약자다. 기업은 외부 환경 변화에 매우 민감하게 반응한다. 기업은 PEST 분석을 통해 기업을 둘러싼 거시 환경을 분석함으로써 미래에 있을 중요한 환경 변화와 그로 인한 영향을 예측하여 전략적 의사결정을 할 수 있다.

PEST 분석을 다루기 전 일반적인 연구의 방향을 그림으로 나타내면 다음과 같다.

외부 환경 분석, 산업 분석, 핵심 역량을 찾는 순으로 연구가 진행되는 것이 일반적이다. 지금은 외부 환경 분석인 PEST 분석을 다루고 있고, 이어지는 장들에서 5 포스 모델과 가치사슬, VRIO(Value, Rarity, Imitability, Organization) 분석을 통해 핵심 역량까지 함

분석

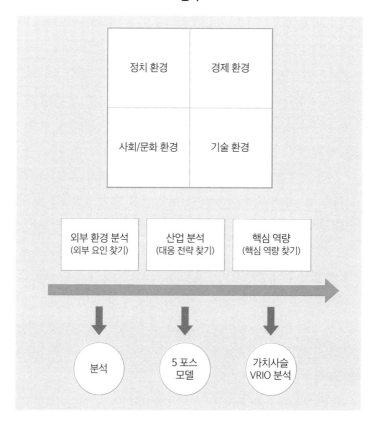

께 살펴볼 것이다.

정재석 교수 연구팀에서는 베이커리 산업의 선두 기업인 파리바 게트의 PEST 분석을 실시했다. 그 결과 베이커리 프랜차이즈 산업 에 영향을 준 정치 환경적 요인으로 네 가지 정치 환경의 변화를 꼽 을 수 있었다. 먼저 공정거래위원회가 주도하는 '프랜차이즈 가맹사업거래법'과 '중소기업 적합 업종 정책'을 들 수 있다. 그리고 대통령 선거로 인한 정치 구조와 제도의 변화가 있고, 마지막으로 FTA 체결로 인한 국내 시장 개방 가속화 등이 있었다.

베이커리 프랜차이즈 산업에 영향을 미치는 경제 환경 요인에는 유가 및 곡물 가격 상승으로 인한 제조 비용 증가, 긴 경기 침체로 인한 가계 소비 감소, 글로벌 경기 침체로 인한 미국 및 중국 시장의 불확실성 및 수출 감소 추세가 있다.

시장에 영향을 미치는 사회문화적 환경 요인으로는 기업의 사회적 책임CSR, 공유 가치 창출CSV에 대한 관심 증가, 공정거래 및 분배, 인구의 4분의 1을 차지하는 실버 세대인 베이비부머 세대의 고령화, 편의 식품 수요 증가, 여성의 사회생활 증가, 건강 및 유기농 식품에 대한 관심 증가 등이 포함됐다.

마지막으로 기술 환경 요인에는 SNS 기술의 확산, 소비자 요구의 다양화, 빅데이터의 중요성 증가, 비용 효율적인 제조 촉진을 위한 소프트웨어 융합의 가속화에 따른 지속적인 기술 혁신의 필요성이 조사되었다.

파리바게트의 외부 환경 분석인 PEST 분석을 표로 정리하면 다음과 같다.

정치 환경 **Political** **Environment**	공정위원회의 가맹사업거래법에 의한 사업 확장 제한
	SSM, 총량제 기관의 특정 업무 영역 규제에 따른 사업 확장 제한
	대통령 선거로 인한 새로운 정치 및 규제 완화
	FTA로 인한 시장 개방 가속화

경제 환경 Economic Environment	국제 유가 및 곡물 가격 상승에 따른 원가 상승
	장기 불황에 따른 가계 지출 축소
	불확실한 미·중의 경제 여건
	수출 감소
사회/문화 환경 Social/Cultural Environment	기업의 사회적 책임과 공유 가치 창출에 대한 관심 증대
	공정한 사업 및 재분배 관행
	전체 인구 중 4분의 1을 구성하는 베이비붐 세대의 실버 세대 진입
	건강 및 유기농 제품(웰빙)에 대한 더 많은 관심
기술 환경 Technical Environment	SNS 문화 확산
	다양한 소비자의 니즈 충족을 위한 지속 가능한 혁신의 필요성 증대
	빅데이터의 중요성 확대
	연성 융합softer fusion을 가속화하여 제조 원가를 효율화함

부록 2 베이커리 산업에서 미래 변화를 예측하기 위한 외부 환경 분석 사례

OB 맥주의 VRIO 모델

연구 소개에 앞서 오비 맥주는 1980년대 말 시장 점유율 80퍼센트로 당시 2위였던 크라운 맥주(시장 점유율 20퍼센트)를 크게 앞섰다. 당시 오비 맥주는 독과점법에 저촉되는 것을 우려할 정도로 압도적 선도 기업이었으나 1991년에 터진 두산전자의 낙동강 페놀 유출 사건으로 순식간에 오비 맥주의 전성 시대는 막을 내렸다. 그럼에도 불구하고 오비 맥주는 기사회생하여 2012년 당시 시장 점유율 55.5퍼센트, 2019년 현재도 소매 매출액 순위에서 점유율 49.6퍼센트로 2위 하이트진로의 25.3퍼센트를 크게 앞질렀다. 이에 정재석 교수팀은 오비 맥주의 80년 경영사를 분석하고, 여러 난관에도 불구하고 오비 맥주가 맥주 산업의 선도 기업으로 우뚝 선 핵심 역량이 무엇인지 VRIO 분석법을 통해 도출했다.

VRIO 분석법은 텍사스 A&M대학 경영학과 교수인 제이 바니가

이윤

기업 인프라
• CEO의 영업 및 현장 중심의 리더십 • 소유와 경영이 분리에서 오는 합리적인 의사결정 시스템 • 선진 프로세스 경영이 성공적인 내재화

인적 자원 관리
• 체계적이고 세밀한 성과 시스템으로 업무에 대한 동기부여 • 기업 핵심 가치PRIDE에 대한 직원 교육 • 관리자를 대상으로 한 리더십 교육 • 발전적 노사관계 모델(합리적 유연주의)

기술 개발R&D
• 마케팅 조직 및 연구 조직의 공동 신제품 개발 프로세스 • 제품 R&D에서 비즈니스 R&D로의 전환 • 맥주 겉, 용기에 대한 지속적인 개발

조달
• 통합구매 시스템을 활용한 효율적인 비용 관리 • 축적된 글로벌 역량을 통한 원료 조달 헤징Hedging 시스템 구축

지원적 활동

본원적 활동

원료 수급	생산	물류	마케팅	세일즈 및 서비스
• 100년대로 진행되는 엄격한 원료 구매 • 최고급 이모마 홉프를 활용한 품질 차별화(OB몰트라기)	• VPO 시스템으로 품질 최적화 및 생산 효율 극대화 • 3정(정품, 정량, 정시) 문화 • 수직과 수평이 공존하는 오픈된 생산 조직 체계 • 내수 및 해외 수출 물량의 적절한 조절을 통한 생산 시설 운용 극대화	• 아웃소싱을 이용한 효율적이고 투명한 유통 관리 • 'Push' 전략을 지양하는 도매상 관리(제품 유통기한 단축)	• 차별화된 브랜드 포트폴리오 구성 • 지속적인 맥주 소비 문화 창출을 통한 'Pull' 전략 • 일관된 타기팅 전략 및 지속적인 '젊음'의 문화 코드 형성	• 섬김 정신을 강조한 영업 마인드 • 신용 출하(외상 출하 등 유연한 매출 채권 제도를 통하 도매상과의 우호적인 관계 유지 • WCCP, SVP 등을 활용한 영업사원의 동기부여 극대화 • 체계적인 CCM 시스템으로 고객 불만을 신속하게 처리

『지속적 경쟁 우위의 원천Sources of sustainable competitive advantage』에서 제시한 자원 기반 관점의 프레임워크 모델이며, 정재석 교수 연구팀은 여기에 마이클 포터 교수가 제안한 가치사슬을 활용해 오비 맥주의 경영 자원 및 핵심 역량을 도출했다.

VRIO 분석은 네 가지 자원 기반 관점의 기준을 사용한다. 내부 보유 가치, 보유 자산의 희소성, 모방 가능성 혹은 난이도, 조직이 그것이며, 이들에 대한 질문을 중점으로 해당 기업의 성장 잠재력을 평가한다.

위 그림은 오비 맥주의 가치사슬을 나타냈다. 가치사슬이란 기업이 일련의 활동으로 기업의 부가가치가 생성하는 과정을 분석할 수 있는 프레임워크이며, 지원적 활동과 본원적 활동으로 구분된다. 지원적 활동에는 기업 인프라·기술 개발·인사·조달이, 본원적 활동에는 원료·생산·유통·마케팅 및 판매·서비스가 포함된다. 가치사슬로 분석된 오비 맥주의 경영 자원은 옆의 그림과 같다.

오비 맥주의 가치사슬 분석을 토대로 오비 맥주의 20개에 해당되는 경영 자원을 도출하여 VRIO 분석법으로 측정했으며, 그 결과 총 4개의 항목이 오비 맥주의 핵심 역량으로 나타났다.

2. VRIO 분석

앞서 말한 바와 같이 VRIO는 다음의 네 가지 앞 글자를 딴 용어다.

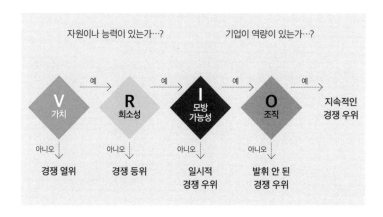

- Value(가치) 어느 자원이 그것을 소유한 기업으로 하여금 환경적 기회를 이용하거나 환경적 위협을 중화시키도록 하는가?
- Rarity(희소성) 어느 자원이 소수의 기업에 의해서만 소유되고 있는가?
- Imitability(모방 가능성) 어느 자원을 소유하고 있지 않은 기업이 그 자원을 획득하거나 개발하는 데 있어서 원가 열위를 가지는가?
- Organization(조직) 어느 기업의 정책과 과정들이 그 기업이 소유한 가치 있고 희소하며 모방하기 힘든 자원을 이용하기 위해 조직되어 있는가?

이 네 가지 조건을 바탕으로 VRIO 모형 프레임워크를 만들 수 있다.

VRIO 모형은 가치, 희소성, 모방 가능성, 조직의 순서로 검증 단계를 밟는다.

1단계는 보유한 자원이나 능력이 가치가 없는 단계를 말하며, 경쟁적 시사점에서 열위에 해당된다. 2단계를 보면, 가치는 있는데 희

VRIO 모형 프레임워크

단계	자원이나 능력이				강점/약점	경쟁적 시사점
	가치 있는가	희소 한가	모방하기 힘든가	조직에서 적용되는가		
1	아니오			아니오	약점	열위
2	예			아니오	강점	동위
3	예	아니오	아니오	아니오	강점이자 기업 특유의 역량	임시적 우위
4	예	예	예	예	강점이자 지속 가능한 기업 특유의 역량	지속적 우위

소하지 않고 타인(타사)이 모방하기 쉬우며 조직에서 적용할 수 없다면 타경쟁자와 동위에 있다고 해석할 수 있다. 3단계는 가치 있고 희소한 자원이나 능력을 가진 경우는 시장 내에서 잠깐 동안의 우위를(임시적 우위) 점할 수 있다는 뜻이다. 마지막 4단계는 모든 단계에 걸쳐 강점을 갖고 있는 경우로서 지속적 우위를 가져갈 수 있음을 시사한다.

스타트업은 보통 가치와 희소성까지 보유한 경우가 많다. 여기서 가치와 희소성은 대개 기술성을 이야기하는 요소이고, 모방성은 권리성, 즉 자신(자사)이 가진 기술이 보호받을 수 있는지를 말한다. 조직은 사업성 있게 끌고 가기 위해 인적 자원이나 사업 자금과 같은 자원을 충분히 보유하고 있는지를 말하는 요소다. 스타트업은 초창기부터 이런 자원을 확보하기 어렵기 때문에 주로 정책 자금이나 투자금 유치를 위해 잘 설득해 자원을 확보해야 하며, 이렇게 된다면 지속적 경쟁 우위를 확보할 수 있다.

여기서 오비는 물론 대기업이지만 제품에 대한 차별성은 영세 사업자나 대기업이나 확보하기 쉽지 않다. 스타트업은 기술과 권리는 확보했지만 마케팅 비용을 들여 많이 알리는 것에서 대기업과 차이가 난다.

VRIO 분석을 수행하려면 조직이 보유하고 있는 경영 자원의 선별이 선행되어야 한다. 본연구에서는 앞서 진행된 가치사슬 분석을 토대로 총 20개의 주요 경영 자원을 도출한 후 각 자원을 네 개의 항목으로 평가했다. 각 자원의 항목별 평가 점수는 −2에서 2점으로 산정했고, 네 개 항목의 최종 합산 점수가 6점 이상이면 '핵심 역량'으로 간주했다. 다음 표에 나타난 자원별 점수는 전문가 및 오비 맥주 관계자의 의견을 반영해 평균 점수를 산출한 것으로, 분석의 객관성을 높이기 위해 노력했다.

분석을 거쳐 최종 점수를 합산한 결과, 20개의 경영 자원 가운데 오비 맥주의 핵심 역량으로 도출된 경영 자원은 CEO의 영업 및 현장 중심의 리더십, 선진 경영 프로세스의 내재화, 혁신 R&D 프로세스, 다양한 브랜드 및 제품 포트폴리오의 네 가지로 나타났다.

오비 맥주의 첫 번째 핵심 역량은 2012년 6월 영업총괄 부사장에서 CEO로 승진한 현 오비 맥주 장인수 사장의 '영업 및 현장 중심의 리더십'으로 도출되었다. 장인수 사장은 영업 부문에서 오랜 세월 축적한 통찰력을 기반으로 이른바 '섬김 정신'을 강조하고 있다. 그는 전사적 차원에서 섬김 정신을 영업사원이 내재화할 수 있도록 지원해 오비 맥주와 도매상과의 관계를 우호적으로 가져가는 데 성공했다. 장인수 사장의 현장 중심의 리더십은 철저하게 오랜 현장

VRIO로 분석한 오비 맥주의 핵심 역량

자원/역량	가치 V	희소성 R	모방 가능성 I	조직 O	핵심 경쟁력
기업 인프라					
CEO의 영업 및 현장 중심 리더십	2	2	1	2	있음
합리적인 의사결정 시스템	1	-1	0	2	없음
선진 프로세스 경영의 내재화	2	2	0	2	있음
인적 자원 관리					
체계적인 성과 시스템	2	0	-1	2	없음
직원 교육 및 리더십 교육	1	0	-1	2	없음
발전적 노사관계 모델	2	1	0	2	없음
기술 개발					
혁신 R&D 프로세스	2	1	1	2	있음
조달					
통합구매 시스템	1	0	2	1	없음
원료 조달 헤징 시스템	2	0	1	1	없음
원료 수급					
1009단계의 원료 수급 기준	1	2	0	1	없음
최고급 아로마 호프 사용	2	0	1	1	없음
생산					
VPO	2	0	2	2	없음
오픈된 생산 조직 체계	0	2	1	1	없음
생산 운영 극대화	1	-1	1	1	없음
물류					
3PL	2	-2	1	1	없음
마케팅					
맥주 문화 소비 창출	1	2	1	1	없음
일관된 타기팅 및 문화 코드 형성	1	0	-1	2	없음
다양한 브랜드 포트폴리오	2	0	2	2	있음
영업 및 서비스					
섬김 정신 영업 마인드	1	0	-1	2	없음
유연한 매출 제권 제도	1	0	1	1	없음

경험에서 기인한 무형의 경쟁 우위 자원으로, 소유와 경영이 철저히 분리된 오비 맥주가 15년 만에 시장 점유율 1위를 탈환하는 데 크게 기여했다.

두 번째 핵심 역량은 '선진 프로세스 경영의 내재화'다. 세계적인 맥주 회사 인터브루, 인베브를 거치면서 오비 맥주는 선진 프로세스 경영을 조직에 도입할 기회를 얻게 된다. 그런데 프로세스 경영의 도입은 어렵지 않으나, 그것을 조직에 내재화하는 것은 어려운 일이다. 오비 맥주는 그러한 장벽을 뛰어넘어 선진 프로세스 경영을 조직에 성공적으로 심을 수 있었다. 오비 맥주가 자랑하는 비용 절감 프로세스 ZBBZero Based Budgeting, WCCP 등이 프로세스 경영의 내재화에 따른 주요 결과물이다. 특히 WCCP는 오비 맥주가 영업에서 높은 성과를 거두고 있는 주요 요인으로 평가되고 있다. WCCP는 영업사원이 CEO가 강조하고 있는 섬김 정신을 내재화할 수 있도록 지원하고, 결과만이 아닌 과정도 함께 중시하는 성과 관리 및 인재 양성 방식으로, 오비 맥주의 대표적인 프로세스 경영으로 자리 잡고 있다. 오비 맥주는 WCCP를 2006년 도입한 후 지속적으로 버전을 업그레이드하여 조직 내에서 완벽한 내재화를 달성했다. 이로써 오비 맥주는 조직을 효율적으로 운영하여 원가 절감을 통한 높은 마진율의 달성뿐만 아니라, 시장으로부터의 시그널에 민첩하게 대응하고 있다.

오비 맥주의 세 번째 핵심 역량은 '혁신 R&D 프로세스'로 도출되었다. 오비 맥주는 체계적이고 차별화된 R&D 프로세스를 바탕으로 제품 혁신을 이끌어내고 있다. 오비 맥주 R&D 프로세스의 주요

단계	산출물
1. 혁신전략 정의하기	혁신 전략서
2. 소비자 이해하기	소비자 관점의 통찰력
3. 아이디어 도출하기	소비자 눈높이의 아이디어
4. 콘셉트 작성 및 테스트하기	소비자 관점의 콘셉트 서열화
5. 조직 내부 콘셉트들 간 우선순위 정하기	1단계 승인
6. 사업성 확인하기	2단계 승인
7. 혁신 제품 개발하기	3단계 승인
8. 출시된 제품 준비하기	시장에 출시된 제품
9. 출시 활동 평가하기	4단계 승인

경쟁 우위 요인은 세 가지를 들 수 있다.

첫째, 9단계로 진행되는 체계적인 신제품 개발 프로세스를 통해 효율적으로 신제품을 개발하고 있다.

오비 맥주의 신제품 개발 프로세스는 전략 개발부터 제품 론칭까지 총 9단계의 체계적인 시스템을 가지고 있으며, 회사 내 주요 이해 관계자와의 원활한 협의를 이끌어내기 위해 단계마다 결재 프로세스를 탑재하고 있다.

두 번째는 '신제품 개발 전담팀Innovation Team'의 운영이다. 신제품 개발 전담팀은 경쟁사와 차별화된 조직으로 신제품 관련 생산 및 영업 전략을 총괄할 수 있도록 전권을 부여받고 있다. 이러한 조직 운용의 장점으로는 신규 사업, 즉 신제품 개발을 별도의 사업으로 간주하여 기획 단계부터 판매 계획 개발 단계까지 조직 내 이해 관계자들 간의 마찰을 최소화하는 효율적인 운영을 들 수 있다. 또한 여기서 더 나아가 오비 맥주의 R&D가 단지 생산 관련 R&D가 아닌 비즈니스 중심의 R&BDResearch&Business Development로 진화해 시장의 시그널을 효과적으로 제품에 적용하는 체계를 구축할 수 있었다.

마지막으로 리노베이션Renovation과 이노베이션Innovation의 균형적인 운영을 꼽을 수 있다. 오비 맥주는 주요 브랜드의 경우 1년에 2~3회 리뉴얼을 진행하되, 1년에 한 번은 신제품을 출시하는 등 리노베이션과 이노베이션의 균형을 맞춰 소비자에게는 새로움을 선사하면서 조직 내부적으로 신제품 개발에 대한 피로감을 최소화하고 있다.

오비 맥주의 네 번째 핵심 역량은 다양한 소비자의 니즈를 충족시키는 차별화된 '브랜드 포트폴리오'로 나타났다. 앞서 언급했듯이, 오비 맥주는 자체 브랜드와 함께 해외 프리미엄 맥주 브랜드의 위탁 생산을 통해 다양한 맥주로 구성된 브랜드 포트폴리오를 보유하고 있다. 오비 맥주의 브랜드 포트폴리오가 갖는 최대 강점은 단순한 다양함이 아닌, 다양한 계층의 소비자를 만족시킬 수 있는 '소비자 지향적 구성'이다. 현재 맥주에 대한 소비자 트렌드는 과거와 달리 라거 맥주뿐만 아니라 깊은 맛의 에일 맥주에 대한 요구도 높아지고 있는 추세다. 오비 맥주는 이러한 추세에 맞춰 철저한 소비자 분석을 기반으로 라거 맥주에서 에일 맥주에 이르기까지 다양한 브랜드 포트폴리오로 소비자의 니즈를 충족시키고 있다. 오비 맥주의 브랜드 포트폴리오는 경쟁사와는 차별되는 구성으로 높은 희소성을 지니고 있다.

식품 산업에서의 핵심 역량:
삼진어묵

우리에게 어묵 브랜드로 익히 알려진 삼진어묵은 2008년 연 매출 9억 원에서 2011년에는 40억 원, 최근에 와서는 약 950억 원 규모의 매출을 올리며 2008년에 비해 100배 이상의 성장을 이뤄냈다. 정재석 교수팀의 연구에 따르면, 이는 경쟁자보다 앞서는 삼진어묵만의 핵심 역량이 있기에 가능했다.

앞서 게리 하멜이 정의한 핵심 역량에 따르면, "핵심 역량은 여러 제품에 활용할 수 있는 역량이나 노하우의 다양하고 복잡한 묶음을 말하며 따라서 경쟁자가 쉽게 따라오지 못한다"고 했다. 이 핵심 역량의 네 가지 조건은 고객 혜택, 차별성, 다양한 제품과 분야에 적용 가능, 생산 능력으로 구분했다.

삼진어묵은 두 가지 방식으로 어묵을 판매한다. 먼저 일상재Co-modity인 어묵을 우리가 흔히 접하는 마트 등에 납품하여 판매하는 도소매용 어묵과, 고급화/고마진 전략으로 B2C 판매 채널로서 어묵 전용 베이커리인 '어묵 1번지' 매장을 갖춰 판매하는 것이다. 즉 어묵을 파리바게트 같은 베이커리 매장을 갖추고 생산자인 삼진어묵이 소비자에게 수제 어묵을 직접 판매한 것이다.

여기서 삼진어묵은 어묵 베이커리라는 고급화 전략을 통해 어묵이라는 제품이 일상재를 벗어나 고급스러운 식품 내지는 한 끼 식사 수준이 되도록 발전시켰고 매출도 100배가량 높이는 계기를 마련했다. 2011년도와 2012년도에는 어묵 업계에서 20위 안에도 들지 못했지만 2013년 16위, 2014년 9위, 2015년 6위, 2016년에는 4위까지 뛰어올랐다.

기존의 어묵 시장은 신제품이나 혁신 없이 업체 간의 가격 경쟁에 몰두해 있었고 낮은 마진율로 경영난을 겪고 있었다. 2009년과 2010년도 자료를 보면 평균 어묵 판매 마진율은 -29.8퍼센트와 -29.2퍼센트를 기록했을 정도다. 소비자들 역시 어묵은 저렴하고 그저 그런 일상재로 인식했다. 그러면 어떻게 삼진어묵은 기존 시장에서 탈피해 100배 이상의 성장을 기록할 수 있었을까?

먼저 삼진어묵은 중간 유통 단계를 뛰어넘어 고객에게 직접 다가가는 전략을 취했다. 젊은 고객층은 온라인에서, 주부 고객층은 직영 매장을 통해서도 쉽게 어묵을 구매할 수 있도록 혜택을 주었다. 특히 어묵 1번지라는 고급 직영 매장을 통해 오픈된 주방을 보여줌으로써 고객들이 매장에서 수제 어묵 제조 과정을 눈으로 확인함과 동시에 재미있는 경험을 하도록 했으며, 삼진어묵 베이커리의 어묵이 안전한 먹거리라는 인식을 심어주었다. 또한 고객들이 현장에서 어묵 고로케, 매운맛 모둠 어묵, 핫델리 어묵, 스모크 치즈 어묵 등 수십 가지의 어묵 제품을 구매할 수 있도록 함으로써 어묵이 가지고 있던 낮은 수준의 이미지를 한 끼 식사로도 손색없는 품질 높은 제품으로 탈바꿈시켰다. 이런 B2C 방식을 미도식품, 환공식품도 잇따라 활용하고 있어 어묵 시장 전체 매출액은 2003년 2200억 원에서 2016년 6600억 원까지 높아졌다. 삼진어묵은 소비자에게 직접 다가가는 전략으로 외부적으로는 어묵 산업의 파이를 키우고 내부적으로는 경쟁자를 압도할 만한 차별화를 이룬 것이다. 여기에 어묵이라는 일상재를 식사나 선물용 제품 등 다양한 제품과 분야에 적용 가능한 제품으로 만들었다. 생산 시설도 영도에 제1공장 신축을 시작으로 장림에 제2공장, 감천에 제3공장을 설립했고 2017년에는 중국 수출 공장도 등록했으며 미국 및 일본에 현지 법인을 설립했다. 삼진어묵은 하멜이 정의한 핵심 역량의 네 가지 요소를 모두 갖춘 셈이다.

여기에 삼진어묵만의 품질에 대한 철학, 조직 문화, 기업가 정신, 선두 주자의 이점, 브랜딩 노력까지 더해져 오늘날의 삼진어묵의 성장을 이루었다고 평가할 수 있다.

삼진어묵은 네 가지 이상의 핵심 역량을 바탕으로 새로운 시장을 개척해 엄청난 성장의 기회를 누렸다. 삼진어묵은 시장의 기회를 포착했고 새롭고 과감한 전략을 택하여 투자했다. 삼진어묵은 스스로 운명과 미래 성장을 준비하는 개척자인 드라이버로서 계속 성장하고 있으며 어묵 산업의 파이를 키우는 데도 기여했다.

어묵 업계는 어묵 제조에 들어가는 연육을 전량 수입에 의존하고

있어서 저렴하고 안정적으로 재료를 수급받을 수 있는 체계가 시급하다. 삼진어묵은 타업체보다 판매량이 높기 때문에 규모의 경제를 활용해 국내산 명태와 돔 등 고급 어종으로 연육을 만들고 추후 직접 양식을 통해 후방 통합도 계획하고 있다. 물론 수많은 리스크가 존재한다. 그러나 어떤 기업이든 살아남기 위해서는 변화해야 하며 전략적 리스크는 늘 있기 마련이다.

외식 산업에서의 지속 성장 사례

정재석 교수팀의 CJ 연구 사례를 통해 새로운 시장의 탐색과 더불어 지속 성장의 힌트를 얻을 수 있다.

이 연구에서는 아시아 외환 위기 이후 생존한 국내 상위 30대 기업을 시장 진출 방식과 시장 진입 시점에 따라 창조형Explorer, 인수확장형Invader, 벤처투자자Venture capitalist, 인접확장형Assimilator의 네 가지 유형으로 분류했다.

벤처투자자 스타일의 기업은 도입기/성장기에 인수합병의 형태로 시장에 진입한다. 코오롱이나 OCI와 같은 회사는 산업의 도입 단계에서 소규모 기업을 인수하여 진출했다는 점에서 벤처투자자 유형의 회사다.

인수확장형 기업은 성장율이 낮은 성숙기에 인수합병의 형태로 시장에 진입한다. 롯데와 SK, 현대중공업, 금호아시아나그룹, LG, 한

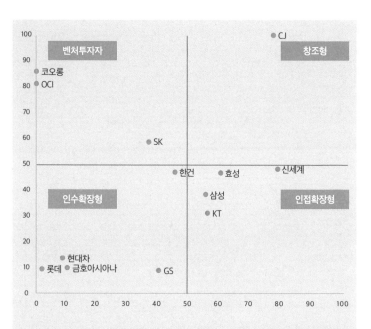

X축: 성장 방식 - 좌측으로 갈수록 인수합병의 방식으로 성장하고, 우측으로 갈수록 시장 기회를 보고 투자하여 성장하는 방식이다.

Y축: 진입 시기 - 아래로 내려갈수록 성숙기이며, 위로 올라갈수록 도입기/성장기다. Y축은 성장율을 뜻한다. 도입기/성장기는 성장율이 높고, 성숙기는 성장율이 낮다.

진 등은 대규모 인수합병 방식으로 성숙기에 접어든 시장에 진입했다는 점에서 인수확장형 회사다.

　인접확장형 기업은 마찬가지로 성장율이 낮은 성숙기에 시장에 진입하지만 시장에 존재하는 기회를 보고 투자하는 전략을 취한다. 효성과 삼성, KT, 신세계, 동부 등의 회사는 수직적 통합을 위해 성숙 단계 시장에 진입하는 경향이 있어서 인접확장형으로 분류된다.

　창조형 기업은 성장율이 높은 시장 도입기/성장기에 시장의 기회를 보고 투자하여 시장을 개척한다. 애플은 성숙기 시장에 진입하여 인수합병 방식으로 성장하지 않은 대표적인 창조형 기업이다. 아이폰과 아이패드 등 직접 투자로 새로운 시장을 만들고 개척해나갔다. CJ도 시장 도입기나 성장기에 진입해 높은 성장 가치를 만들었다는 점에서 창조형 회사로 분류된다. 국내 상위 30대 기업의 대다수가 대규모 인수합병을 통해 성숙한 시장에 진입하는 인수확장형의 모습을 보인 것과는 상반된다. CJ의 사업 모델은 제품과 서비스, 산업적 측면에서 성공적인 것으로 입증되었다. 이런 성공의 결과로 CJ는 회사는 물론 회사 자체의 동반 성장을 가져왔다. 미국의 사례를 보면 20조 원의 매출을 달성한 버진과 스마트폰이라는 신제품 영역을 개척하여 글로벌 시가총액 1위를 달성한 애플이 이런 다각화 전략을 통해 회사는 물론 산업을 발전시켰고 이를 계기로 다른 회사들도 성장할 수 있는 계기를 만들었다.

여기서 설명하는 창조형 기업은 앞서 SWOT 분석에서 S-O형 전략을 택한 사례에 해당된다. S-O는 자신이 가진 강점Strength을 바탕으로 기회Opportunity를 포착해 성장하는 것을 말한다.

그러면 구체적으로 CJ의 창조형 전략, 즉 시장 다각화 전략을 살펴보겠다. CJ는 햇반과 씨네 드 셰프Cine de Chef, 빕스VIPS 등의 새로운 제품과 서비스 그리고 3PL(제3자 물류) 방식으로 시장 다각화에 성공했다.

• 햇반

CJ의 간편 쌀밥 제품인 햇반은 미리 만들어서 보존된 쌀 시장에 존재했던 부정적인 고정관념들을 없앴다. 미리 만든 밥은 영양이 부족하고 맛도 없다는 부정적 인식에서 높은 품질과 위생적 생산, R&D 노력으로 "햇반=맛있다"라는 메시지를 시장에 심는 데 성공했다. 사회적으로 1인 가구의 증가라는 트렌드와 완전히 새로운 브랜드인 햇반이라는 이름을 내세운 마케팅 전략으로 CJ는 보존 쌀 시장의 국내 도입은 물론 해당 산업의 선두 기업을 차지했다.

· 씨네 드 셰프

CJ는 2000년 안팎 불황기에 멀티플렉스 영화관을 도입하여 한국 영화 산업의 성장은 물론 영화 문화를 대중화하는 데 기여했다. 그러나 2005년 쇼박스가 CJ를 제치고 영화 배급 순위 1위를 차지하며 CJ는 위기의식을 느낀다. 이에 스위트 박스나 아이맥스와 같이 프리미엄 영화 서비스를 제공하기 시작했고 프리미엄 영화관에서 즐기는 고급 레스토랑의 콘셉트로 상위 1퍼센트를 위한 씨네 드 셰프도 프리미엄 서비스에 속한다. 유명 호텔의 요리사들이 영화 시작 전 고객들에게 프리미엄 식사를 제공하며, 특별하게 디자인된 좌석에서 영화를 즐길 수 있다. 씨네 드 셰프 서비스는 서울 압구정점을 비롯해 부산 센텀시티점 등에서 일반적인 영화 관람비에 약 15배 이상 비싼 요금으로 제공되었다. 영업 이익도 4년 만에 3배 이상 증가했다. 씨네 드 셰프의 성공 요인은 일반 고객 외에 고소득 비즈니스 소비자층을 공략했다는 점과 "당신의 특별한 순간을 위해"라는 프리미엄 브랜드 이미지를 창출하여 차별화된 서비스를 제공한 전략 덕분이었다.

· 빕스

최초의 한국 토종 패밀리 레스토랑이라는 콘셉트로 1994년 출범했다. VIPS는 Very Important Person's Society, 즉 매우 중요한 사람의 사회를 뜻하는 명칭이다. CJ는 이 당시 식품 분야에 대한 경험과 지식이 부족했다. CJ는 식품 공급과 유통의 전반적인 과정, 메뉴 개발, 매장 관리 노하우를 필요로 했다. 이에 일본 대표 레스토랑 '스카이락Skylark'과 기술 지원 협약을 맺고 브랜드를 국내 시장에 들여와서 중앙 주방 시스템, 식품 물류 시스템, 제품 개발이라는 3대 주요 노하우를 습득하게 된다. CJ는 선진 시스템을 배우는 데 그치지 않고 자체 브랜드인 빕스를 만들어 외식 업계에 진출했다. 중저가 이미지인 스카이락에 비해 빕스는 고급 패밀리 레스토랑이라는 이미지를 만들었다. 이후 TGIF, 베니건스, 토니로마스, 시즐러, 아웃백스테이크하우스 등 외국 패밀리 레스토랑과의 치열한 경쟁이 있었지만 웰빙 트렌드에 맞는 차별화된 샐러드 바 서비스의 제공으로 경쟁에서 우위를 점하고 있으며 이 샐러드 바는 총 판매량의 50퍼센트를 차지하고 있다.

· 3PL 유통

CJ는 1990년대 들어 이미 레드오션이 된 한국 물류 시장에 늦게 진입했다. 당시 기업 간의 경쟁은 시장 점유율의 더 큰 부분을 인수하는 데 집중되어 수익성이 떨어진 상태였지만 CJ는 이를 극복하기 위해 경쟁사를 인수합병하여 시장 점유율을 갈취하기보다는 '제3자 물류'라는 비즈니스 모델을 도입했다. 제3자 물류는 제품 제조를 제외하고 관련 비용을 줄이기 위해 제3자에게 전체 물류 활동을 아웃소싱하는 것을 말한다. 3PL 유통은 원자재 공급, 생산, 제품 유통 등 다양한 통합 물류 기능을 제공한다는 점에서 일반 물류 서비스와 차별화된다. CJ는 3PL 유통을 통해 2004년 당시 제3자 물류 시장에서 1위, 일반 물류 시장에서는 4위에 올랐고 매출도 1998년 637억에서 2004년 3800억 원으로 연평균 28퍼센트 성장했다.

앞서 말했듯이 신규 시장 창출을 통한 사업 다각화 전략에는 리스크가 높은 장기 자본 투자가 요구된다. 이런 전략적 위험성 때문에 자신의 경영 모델에 시장 다각화 전략을 적용하는 기업은 거의 없다. 그러나 CJ는 이 전략을 적용하여 창조형으로서 사회와 국가에 긍정적인 부가 가치를 창출했다. 회사의 생존은 물론 지속적 먹거리를 만들어나가기 위해 반드시 위험을 무릅쓸 필요는 없다. 개인의 선택은 되돌릴 수 있지만 비즈니스 현장에서의 선택은 되돌릴 수 없는 경우가 많기 때문이다. 그러나 소비자의 기대를 넘어서서 만족을 주는 제품/서비스의 개발과 차별화된 전략은 기업의 생존을 담보하는 것은 물론 엄청난 부가가치를 창출하는 선두 기업이 될 기회를 가져다줄 것이다.

『동의수세보원』
리처드 니스벳, 『생각의 지도』, 최인철 옮김, 김영사, 2004
바바라 민토, 『바바라 민토, 논리의 기술』, 이진원 옮김, 더난출판사, 2004
알렉산더 오스왈더·예스 피그누어, 『비즈니스 모델의 탄생』, 유효상 옮김, 타임비즈, 2011
조던 B. 피터슨, 『12가지 인생의 법칙』, 강주헌 옮김, 메이븐, 2018
탈레스 S. 테이셰이라, 『디커플링』, 김인수 옮김, 인플루엔셜, 2019
프레드 루당스·캐럴린 유세프·브루스 아볼리오, 『긍정심리자본』, 김강훈 외 옮김, 럭스미디어, 2012
필립 코틀러·허마원 카타자야·이완 세티아완, 『필립 코틀러의 마켓 4.0』, 이진원 옮김, 더퀘스트, 2017
하버드공개강의연구회, 『하버드 협상 강의』, 송은진 옮김, 북아지트, 2018

문정훈, 정한나라, 정재석, 강형구, 김남정, 이성철, 『경영사학』 제27집 제3호(통권 63호), 한국경영사학회, 2012. 9. 30. pp. 203~232.
"공유리더십", 위키백과, https://ko.wikipedia.org/wiki/%EA%B3%B5%EC%9C%A0_%EB%A6%AC%EB%8D%94%EC%8B%AD
"진성리더십(변혁적리더십, 카리스마리더십)", 위키백과, https://ko.wikipedia.org/wiki/

%EC%A7%84%EC%84%B1_%EB%A6%AC%EB%8D%94%EC%8B%AD
"BCG 매트릭", 위키백과, https://ko.wikipedia.org/wiki/BCG_%EB%A7%A4%ED
%8A%B8%EB%A6%AD%EC%8A%A4
"DISC평가", 위키백과, https://ko.wikipedia.org/wiki/DIS-
C_%ED%8F%89%EA%B0%80

Kim, W. Chan, Mauborgne, Renee, *Blue Ocean Strategy*, Harvard Business
School Press, 2005

Alex Lowy, *The Power of the 2X2 Matrix: Using 2X2 Thinking to Solve Business Problems and Make Better Decisions*, Jossey Bass, 2004

Gary Hamel, *Competing for the Future*, Harvard Business School Press, 1994

David Maister, *The Trusted Advisor*, Free Press, 2000

Three Rules for Making A Company Truly Great, Harvard Business Review, 2013

Michael E. Porter, *Competitive Strategy: Techniques for Analyzing Industries and Competitors*, Free Press, 1998

Igor Ansoff, *Coporate Strategy*, McGraw Hill, 1965

Emotions of Normal People, Createspace Independent Pub, 2015

Adam Grant, Willam Mouston Marston, *Give and Take*, PHOENIX HOUSE, 2014

Nathan J. Hiller, David V. Day, Robert J. Vance, "Collective enactment of leadership roles and team effectiveness: A field study," *The Leadership Quarterly* 17, 2006, pp.387–397.

Peter N. Golder and Gerard J. Tellis, "Pioneer Advantage: Marketing Logic or Marketing Legend?," *Journal of Marketing Research*, 30(2), 1993. 5, pp.158–170.

Jeon, Sun Young, "The Effect of Positive Psychological Capital on Happiness and Customer Orientation: Focused on the Moderating Effect of the Organizational Culture of the Public Social Worker," *Korean Journal of Social Welfare* 71(3), 2019. 8, pp.7–30.

Cho, Jongpyo, Dongmin Lee, Jaeseok Jeong, Junghoon Moon, "The Factors of Consumers' Taste Preferences for Beer and Change in Attitude: Focusing on the Korean Consumers' Preference for Imported Beer," *Journal of Foodservice Management Society of Korea* 17(3), 2014, pp.7–30.

Moon, Junghoon and Jaeseok Jeong, "The Analysis of Oriental Brewery's History of 80 Years and Core Competencies," *The Review of Business History* 28(3), 2013, pp.111–145.

Eom, Ha-Ram, Junghoon Moon, Min-Jeong, Heo, Jaeseok Jeong, "Samjin

Fishcake's History of 65 Years: A Study on the Success Factors of Fishcake Bakery Market," *Business Education Review* 33(6), 2018, pp.81-106.

Jeong, Jaeseok, Nam Jung Kim, Hyunjoo Lim, Hyoung-Goo Kang, and Junghoon Moon, "Diversification Strategy through Market Creation: The Case of CJ Group," *Asia Marketing Journal* 15(4), 2014, pp.1-32.

Moon, Junghoon, Hannara Jeong, Jaeseok Jeong, Hyoung Goo Kang, Nan Jung Kim, Sung Chul Lee, "CJ Cheiljedang's global bio business success and its business diversification strategy through the market creation," *The Review of Business History* 27(3), 2012, pp.203-232.

Dosher, M., O. Benepe, A. Humphrey, R. Stewart and B. Lie. 1960. *The SWOT analysis method*, Mento Park, CA, Stanford Research Institute.

"9 Block Canvas", Strategyzer, https://www.strategyzer.com/canvas

"7S Framework", Tompeters.com, https://tompeters.com/2011/03/a-brief-history-of-the-7-s-mckinsey-7-s-model/

"SWOT Analysis", Mind Tools, https://www.mindtools.com/pages/article/newTMC_05.htm

"MBTI", Myers & Brics Foundation, https://www.myersbriggs.org/type-use-for-everyday-life/mbti-type-at-work/

"GE Matrix", Mckinsey, https://www.mckinsey.com/business-functions/strategy-and-corporate-finance/our-insights/enduring-ideas-the-ge-and-mckinsey-nine-box-matrix#

단순함의 기술
디지털 트랜스포메이션 시대의 생각도구
ⓒ 신승철 우정 정재석

초판인쇄 2020년 11월 27일
초판발행 2020년 12월 7일

지은이 신승철 우정 정재석
펴낸이 강성민
편집장 이은혜
마케팅 정민호 김도윤
홍보 김희숙 김상만 지문희

펴낸곳 (주)글항아리 | 출판등록 2009년 1월 19일 제406-2009-000002호

주소 10881 경기도 파주시 회동길 210
전자우편 bookpot@hanmail.net
전화번호 031-955-2696(마케팅) 031-955-1936(편집부)
팩스 031-955-2557

ISBN 978-89-6735-848-8 03320

이 도서의 국립중앙도서관 출판예정도서목록(CIP)은 서지정보유통지원시스템 홈페이지(http://seoji.nl.go.kr)와 국가자료종합목록시스템(http://www.nl.go.kr/kolisnet)에서 이용하실 수 있습니다. (CIP제어번호: CIP2020048891)

잘못된 책은 구입하신 서점에서 교환해드립니다.
기타 교환 문의 031-955-2661, 3580

geulhangari.com